JN133102

総合的な学習の時間・
総合的な探究の時間
の新展開

朝倉　淳・永田忠道
〔共編著〕

学術図書出版社

はしがき

　日本の教育課程に「総合的な学習の時間」が誕生しておよそ20年が経過した．20年の間に世の中は加速度的に変貌し，地球温暖化やマイクロプラスチック，人工知能などがもたらす新しい諸課題は，いずれも総合的で複合的で人類の生存に関わる課題となっている．

　このような課題の原因は人間によって生み出されたものである．したがって，新しい課題への取り組みは，私たちが私たち自身に対して取り組むことでもあり，だからこそ，今の子供たちや未来の子供たちを含めて，私たちの人間性や生き方が問われているのである．

　教科等横断的な探究課題に体験的に取り組む「総合的な学習の時間」「総合的な探究の時間」の役割はますます大きくなっているといえよう．小中学校における「総合的な学習の時間」，高等学校における「総合的な探究の時間」をどのように構成し，未来に生きる子供たちの学びをどう創造していくのか．教育関係者だけでなく，広く社会全体の重要課題であり人々の関心事でなければならない．

　2017（平成29）年及び2018（平成30）年の学習指導要領等の改訂にあわせて教育職員免許法も改正され，「総合的な学習の時間の指導法」が免許状取得のための必修科目として位置付けられた．本書は，これまでの研究成果や授業実践などを踏まえつつ，新しい学習指導要領における「総合的な学習の時間」「総合的な探究の時間」について，その意味や背景を考察したり展開案を提示したりして，これからの教員養成や教員研修，授業実践などの参考となるように作成したものである．執筆者は，今次の学習指導要領改訂に関わったり，総合的な学習の時間に関する理論研究や実践研究を推進したりしてきた者であり，それぞれの立場から基礎的な内容やより専門的な内容について考察している．

　各執筆者の分担部分では，それぞれの文脈に沿って，論が構成されたり実践が示されたりしている．本書の全体をみたときには，一部に内容や情報の重複もあるがあえて調整をしていない．また，表記，記述のスタイルもあえて統一

をしていない．各学校において，一人一人の児童生徒と教師が協働的に創造する「総合的な学習の時間」「総合的な探究の時間」であることや，その理論や実践が多様であることなどが，調整や統一をしていない理由である．読みにくさについてはご容赦願うとともに，内容については忌憚のないご批正をいただければ有り難い．

　本書が，「総合的な学習の時間」「総合的な探究の時間」の教育研究や学習指導について学ぶ大学生・大学院生，学校現場で実践研究を展開される現職の先生方，環境整備や体制の充実等に当たられる教育関係者など，多くの皆様に活用され，現在そして未来の子供たちの成長につながれば幸いである．

2019（平成31）年1月

朝倉　淳

もくじ

第1章　「総合的な学習の時間」の歴史 …………………… 1
- 第1節　教科学習と総合的な学習の関係性 ……………………… 1
- 第2節　学校教育の草創期における教授法の模索 ……………… 2
- 第3節　学校独自の新たな教育課程の試行 ……………………… 3
- 第4節　総合的な学習の原点 ……………………………………… 4
- 第5節　戦後の総合的な学習の展開 ……………………………… 7
- 第6節　公式に小中高校に「総合的な学習の時間」が設定された意図と現在 ……… 9

第2章　「総合的な学習の時間」（小学校・中学校）の目標と内容 … 12
- 第1節　総合的な学習の時間の目標 ……………………………… 12
- 第2節　各学校において定める目標 ……………………………… 16
- 第3節　各学校における定める内容 ……………………………… 19
- 第4節　特色のある総合的な学習の創造に向けて〜学校経営学の視座から〜 …… 25

第3章　「総合的な学習の時間」（小学校・中学校）の指導計画の作成 …… 27
- 第1節　指導計画の作成 …………………………………………… 27
- 第2節　指導計画における内容の取扱い ………………………… 32
- 第3節　総合的な学習の時間と教科教育 ………………………… 37

第4章　「総合的な探究の時間」（高等学校）の構成
　　　　—教育課程における考え方や位置付け等，学習指導要領を基礎として— … 38
- 第1節　学習指導要領に登場した「総合的な探究の時間」
　　　　—何を目指しているのか— ……………………………… 38
- 第2節　高等学校における「総合的な探究の時間」の考え方
　　　　—どういう授業が求められているのか— ……………… 45
- 第3節　カリキュラムにおける「総合的な探究の時間」の位置付け
　　　　—どのように教育課程や指導計画に組み込むことが求められているのか— … 48

第4節　「総合的な探究の時間」を生かす自校のカリキュラムをどう創るか
　　　　―カリキュラム・マネジメントを通して―･････････ 49

第5章　「総合的な学習の時間」の全体計画と年間指導計画 ･･･ 54
　第1節　総合的な学習の時間の時間における指導計画･･･････････ 54
　第2節　全体計画の作成･････････････････････････････････････ 61
　第3節　年間指導計画の作成 ････････････････････････････････ 62
　第4節　生活科との関連を図った指導計画 ････････････････････ 67

第6章　「総合的な学習の時間」の単元計画と授業構成 ･･････ 72
　第1節　「総合的な学習の時間」の単元計画 ･･････････････････ 72
　第2節　「総合的な学習の時間」の授業構成 ･･････････････････ 76
　第3節　「総合的な学習の時間」の学習指導案の様式 ･･････････ 79

第7章　「総合的な学習の時間」の学習指導と評価･･････････ 83
　第1節　学習指導の基本的な考え方････････････････････････････ 84
　第2節　「主体的・対話的で深い学び」の視点による授業改善 ･･･ 87
　第3節　探究的な学習過程における学習指導のポイント･･････････ 88
　第4節　総合的な学習の時間の評価について ････････････････････ 94

第8章　「総合的な学習の時間」とESD ････････････････････ 98
　第1節　ESDの成立とその概念････････････････････････････････ 98
　第2節　日本におけるESDの取り組みと課題 ･･････････････････ 102
　第3節　「総合的な学習の時間」とESD ･･････････････････････ 106
　第4節　ESDの視点に基づく「総合的な学習の時間」の学習モデル ･･･ 111

第9章　「総合的な学習の時間」とNIE ･･････････････････････ 113
　第1節　新聞教育の一環としてのNIE（newspaper in education）･ 113
　第2節　児童生徒と新聞―教育に新聞を取り入れるNIEの必要性― ･･･ 115
　第3節　児童生徒の探究の場「総合的な学習の時間」とNIE ･･･ 119

第 4 節　NIE 実践事例に学ぶ ································ 122

第 10 章　総合的な学習の時間の事例 ···················· 125
　　第 1 節　小学校の実践事例：第 4 学年
　　　　　　―単元「『学びの森』を『学べる森』にしようプロジェクト」―······ 125
　　第 2 節　小学校の実践事例：第 5 学年
　　　　　　―単元「自分たちだけの演劇をつくりあげよう！」―···· 139
　　第 3 節　中学校の実践事例 ································ 157
　　第 4 節　高等学校実践事例 ································ 177

付録　小学校学習指導要領／中学校学習指導要領／高等学校学習指導要領
　　　　·· 196

第1章

「総合的な学習の時間」の歴史

第1節
教科学習と総合的な学習の関係性

　学校の中で子供たちが最も多くの時間を過ごすのは,教科学習の時間である.教室に掲示された時間割を見ても,その大部分は国語科・社会科などの教科名が月曜から金曜までの1時間目から6時間目までずらりと並んでいる.

　小学校の場合,2017(平成29)年に告示された学習指導要領では,表1-1のように教科は,国語科・社会科・算数科・理科・生活科・音楽科・図画工作科・家庭科・体育科・外国語科の10教科が設定されている.これらの教科以外には,特別な教科である道徳,外国語活動(第3学年・第4学年),特別活動,そし

表1-1　小学校の教育課程の編成と授業時数

		第1学年	第2学年	第3学年	第4学年	第5学年	第6学年
各教科	国　語	306	315	245	245	175	175
	社　会			70	90	100	105
	算　数	136	175	175	175	175	175
	理　科			90	105	105	105
	生　活	102	105				
	音　楽	68	70	60	60	50	50
	図画工作	68	70	60	60	50	50
	家　庭					60	55
	体　育	102	105	105	105	90	90
	外国語					70	70
特別の教科である道徳		34	35	35	35	35	35
外国語活動				35	35		
総合的な学習の時間				70	70	70	70
特別活動		34	35	35	35	35	35
総授業時数		850	910	980	1015	1015	1015

て「総合的な学習の時間」が教育課程の中に位置付けられている．例えば，小学校第6学年では，9教科の年間授業時数が875時間であるのに対して，「総合的な学習の時間」はわずか70時間であることからも，学校における教育活動の中心は教科学習の時間であることが明らかである．

しかしながら，このような教科と「総合的な学習の時間」などの教科以外の活動との関係性は，人類の学習活動の歴史から見ると，わずか150年ほどの歴史しかない，との見方をすることもできる．日本の場合，1872（明治5）年の学制の発布により，近代的な学校教育が始まり，その中で現在の教科にあたる内容的に区分けされたカリキュラムが展開されることになるが，それ以前の人々の学びは学校もなく，教科もない，日常生活の中での様々な活動自体が学習であった時代が長く続いてきた．そこでの学びとは，生活の中で直面する困りや悩みをいかに解決していくかを探究するものであり，そのような学びこそが，人類が本能的に取り組み獲得してきた学習の姿と考えることもできる．

一方，近代的な学校の中で展開されてきた教科による学びは，伝統的な学問の系統に基づく学習であり続けている．近代的な学校教育以前に展開されてきた本能的な学びに対して，学校の中での教科学習は何者かにより設計された人工的な学びというとらえ方をすることも可能である．以下，明らかにするように，日本の学校教育の歴史の中では，これまでも教科学習だけでなく，それ以外の学びを模索する時期や地域，学校が現れては活発化したり衰退したり再び復活したりする動向が歴史的にも続いてきている．

第2節
学校教育の草創期における教授法の模索

いまでは当たり前のように，毎朝，保護者は子供たちを学校に送り出し，子供たちは一日の大半を学校の中で過ごしている．日本で学校教育が始まった明治時代の当初は，子供たちにとっても保護者にとっても学校は安心して学ぶことのできる場というよりは，身構えて警戒を要する場でもあった．この当時の学校では，欧米諸国の翻訳書などが教科書として活用されたことなどから，子

供たちの生活実態や発達段階への考慮に乏しく，経済的・政治的な社会背景も伴い，学校が焼き討ちの対象にもされるほどであった．

　日本の近代的な学校教育は，伝統的な学問の系統に即した翻訳教科書などによる一方的で一斉的な授業から始動はしたが，そのような手法だけでは学習活動が成り立たないことに，すぐに直面することにもなった．そのため，学校の中でどのような授業を行うことが望ましいことなのか，という教授法の模索が始まることにもなる．明治初期に当時の文部省は，いわゆるお雇い外国人教師による教員の養成とともに，日本からも関係者を留学させることを通して，諸外国の教授法の受容に努め，実物教授や直観教授，開発教授と呼ばれた手法を取り入れた教育活動が活発化していくことになった．これらの教授法には，教科書を暗唱したり通読したりするだけでなく，実物や実地の観察や経験をもとにして，子供たちの身近な具体から学習を展開しようとする意図は認められるが，形式的であくまでも手法としての導入にとどまっていた点が，この時期の限界でもあった．すなわち，伝統的な学問の系統による区分けされた教科の中で教授法の模索は進んでいったが，学習する内容としての教科や教育課程のあり方に関する本格的な検討は次の時代の到来を待つことになる．

第3節
学校独自の新たな教育課程の試行

　明治時代の後期から大正時代を経て昭和初期へと至る時期は，大正自由教育期や大正新教育期と呼ばれている．この時期には，明治時代からの教授法の模索にとどまらず，教育内容や教科，教育課程のあり方についても活発な提案や研究が全国各地で進められた．

　例えば，この時期に，奈良女子高等師範学校附属小学校（現在の奈良女子大学附属小学校）では，独自の「学習法」理論に基づいて，教授法だけでなく教育内容や教科，教育課程のあり方にも踏み込んだ研究と実践が始められている．この「学習法」理論とは，同校主事（現在の校長）の木下竹次が提唱した理論であり，木下が言う学習とは「学習＝生活」であり，それは「生活学習」のこ

とを指していた．それまでの教育実践で常識とされていた教師主導の他律的教育ではなく，子供たちが中心となる自律的学習により，子供たちの生活から出発して生活により生活の向上を図ること，究極的には子供たちの自律的学習により自己の発展を遂げ，自己を社会化していくことも「学習法」では目指されていた．このような「学習法」の中核的な考え方が生活に基づいた「合科主義」であり，その実践が合科学習であった．

奈良女子高等師範学校附属小学校の合科学習は，生活発展主義に立った学習であり，大合科・中合科・小合科という三段階の形態をもっていた．小学校の低学年段階では，既存の教科大系に縛られすぎずに，まさに大きく合科として実践するという意味合いからも，大合科学習を行う段階とされていた．その後，学年段階が上がるに従って，徐々に合科の度合いを薄めながら，高学年段階に至っては，小合科として基本的には既存教科の枠組みを保持する形式での実践を行うことが理念的には示されていた．木下がこのような合科学習を想起するに至ったのは，低学年の児童が自ら学習内容を定められるようにとの考えからであった．従来の学校における教科で細切れされた分科制度や形式的で画一的な時間割は，木下の考えには邪魔なものであり，特に低学年の児童に最も必要なものは家庭生活であると考えて，この家庭生活の意義を保持しつつも，さらにこれを改良して学校に延長しようという試みが，奈良女子高等師範学校附属小学校の合科学習へとつながった．この時期の奈良女子高等師範学校附属小学校の合科学習の発想は，現在も奈良女子大学附属小学校の実践に受け継がれており，まもなく創刊から100年を迎えようとしている同校の教育誌『学習研究』で，その歴史と現在の様子を確認することができる．

第4節

総合的な学習の原点

教科を連携や接合しようとする合科の考え方は，現在では必ずしも特別な考え方ではなくなってきているが，いまから100年前のこの時期に合科よりもさらに実験的な取り組みを進めた学校として，長野師範学校附属小学校(現在の

信州大学教育学部附属長野小学校)がある．同校には1917(大正6)年に「研究学級」と呼ばれた特別な学級が設置された．その経緯にはこれまでの実践研究に行き詰まりを感じていた当時の教員集団が，何ものにも縛られない思い切った大胆な実践研究に取り組みたいとの欲求があり，教科により構成された教育課程には基づかず，「子供の心ゆく生活」に基づいた実践が試みられた．

実践者の一人である淀川茂重によって残されている「研究学級」の活動記録によると，当時の実践は結果的に三つの段階を踏むことになった．1年から3年の「郊外探検」，4年の「鶏の飼育」，5・6年の「長野市の研究」である．このような課程は，あらかじめ設定されたものではなく，子供が学校で心ゆく生活をした結果である．そのため，ここには，従来の教科の枠組みも表立っては見えないが，それぞれの教科的な学習は各段階の中心の活動に関連付けながら行われた．「研究学級」には，あらかじめ規定された教育課程や時間割どころか，当初は机も用意されなかった．

子供たちは学校に登校して来ると，教室に入り，机上で学習をするのではなく，教室の外へ出て「遊ぶ」ことが重要な活動となっていた．この時に子供たちが遊んだ場所は，主に学校内やその周辺の郊外であった．子供たちは，「郊外探検」の範囲を少しずつ拡大して，自分たちで選んだ心ゆく生活のできる場所で遊びながら，徐々に追究的な活動，つまり，学習らしき活動も少しずつ始めて行った．

例えば，山を築くために石や木を数えながら集めて持って来たり，発見した昆虫の名前を文字で書いたりし始めた．特に，自然的事物や事象には関心を寄せて，低学年のこの段階から追究的な活動も行い始めている．河川へ行ったときには，蟹を観察して構造を認識したり，河川自体を観察して流量や状態の変化に気付き，その理由を追究したりする学習も行っている．このように低学年では「郊外探検」を行い，様々な場所で遊びながらも，子供たちは国語や算数や理科等々の内容についても関連する様々な学習を行ったことになる．

低学年での「郊外探検」を中心とした活動の後，次に，子供たちの中心的な活動に選ばれたのは，「鶏の飼育」であった．「鶏の飼育」は，「郊外探検」とは異なった意味で，徹底的に行われている．低学年での「郊外探検」は遊ぶこ

とを通して，徹底的に様々な分野の経験がなされていたが，中学年での「鶏の飼育」は飼育を通して，徹底的な生物学習が行われることになった．例えば，「鶏の飼育」の中で雛が骨折した時には，子供たちは雛の骨折という事象について，様子のおかしい雛を観察し，雛の状態に関する疑問を持ち，その対処法を調査して，医者に診察して貰う形で追究を行い，雛の状態に関する疑問解決への手当を行っている．そして，雛の骨折という事象から，「大腿骨とは何か」というような新たな疑問を導出して，さらなる追究活動を行う，といった本格的な研究や探究の過程が，子供たちなりに自然な形で進められていった．

中学年において始められた「鶏の飼育」は，5・6年になっても引き続き，継続されていたが，徐々に子供たちの関心の中心は，鶏などの生物や自然から別のものに移りつつあった．そんな時に，子供たちは自分たちの身につけている衣服や靴などの産地の多様さに関心を示し出し話し合いを通して，様々な生活用品の産地調べを行い始めた．子供たちは，毎朝使用する洗面器や茶碗から，電気の発電元や経路にいたるまで，身の回りに関係するものを一通り調査してみた．その結果，子供たちには「長野市に出来ないものが，よそにはどうして出来るのであるか」，「どんなふうにして出来るのであるか」，「どうなって長野市に将来されるのであろうか」といった疑問が生まれ，「長野市の研究」の取り組みが始まった．産地調査以降，子供たちだけでは次に，何から手を付けて良いのかがわからなくなり，そこで実践者の淀川は研究の大枠として長野市の現況と歴史を探って行くことを提案した．

子供たちは，淀川から提案された研究課題を受けて，まずは自分たちで実際に調査研究していくべき対象を考え合うことを始めた．子供たちの調査研究の対象は，地理的・経済的・歴史的・政治的・社会的といったように，多岐にわたっているが，具体的な研究対象を決定した子供たちが，まず，行ったことは地図の研究であった．これまで，子供たちは身を持って様々な場所を経験して来たが，これまでの個人的な場所の経験を，地図の研究を通して，地図上で客観化させていった．この地図の研究が一通り終わると，子供たちは再び郊外へと飛び出し，様々な実地調査を行い始めた．まず，子供たちが行った実地調査は，交通に関するものであった．具体的には，長野市へとつながって来る11の

道，それぞれに分担を決めて立ち，そこで通過する人や荷車，自転車などの交通量調査を行った．この交通の調査が終わると，次は，職業調査である．具体的には，宿屋・土産屋・石屋・煙草屋などの店舗調査を行っている．この調査結果は，地図化にまで展開させて，長野市内の職業及び店舗の分布図を完成させた．

このような一連の郊外調査を通して，長野市の現況の認識を徐々に深めつつあった子供たちが，次に研究課題としたのが歴史的研究であった．子供たちが行った歴史的研究とは，善光寺を中心とした寺院周辺の模型作り，中古文で書かれた縁起書の解読，衣食住の変遷調査，古事記などを参考にしたごっこや劇などであった．この段階では一応，長野市を中心的研究対象地域にしてはいるが，子供たちの追究活動は地域的にも内容的にも長野市だけに限定はされなかった．また，子供たちによる「長野市の研究」は，結果的にその研究範囲並びに研究対象は地理的・歴史的・政治的・経済的・社会的といった社会諸科学の全般にわたるに至った．

以上のような100年前に実験的に取り組まれた長野師範学校附属小学校の「研究学級」の取り組みは，我が国における総合的な学習の原点の一つと評価され続けている．

第5節
戦後の総合的な学習の展開

奈良女子高等師範学校附属小学校の合科学習や，長野師範学校附属小学校の「研究学級」の他にも，明治末から昭和初期にかけての時期には，現在の総合的な学習に類する様々な教育活動が活発に展開されたが，第二次世界大戦へとむかう時代状況の中で，徐々に教育実践に関する多様性は失われていくことになった．1945(昭和20)年の終戦により，連合国軍総司令部の占領下となった日本では，日本国憲法と教育基本法に基づく新たな学校制度が構築されていく．その中で，社会科や家庭科，自由研究といった総合的な性格をもつ教科が学習指導要領に示されることになった．

例えば，この時期の社会科は現在とは異なり，コア・カリキュラムとしての広領域な総合性をもった教科として位置付けられ，授業時数も小学校においては国語科に次いで週5時間から6時間が設定されていた．そのため，社会科の学習の中では必要に応じて，言葉や計算などの教科を超える取り扱いを行うような実践も数多く展開されていた．

しかし，広い領域や内容を射程にいれた戦後すぐの頃の社会科を全国の学校で実践するにあたっては，そのような総合性をもつ教科に関する実践経験のない多くの学校にとっては学習展開の手がかりが少なく，すぐに行き詰まりに直面することにもなった．そのため，学習指導要領が告示の形となる1950年代の後半以降には，社会科の授業時数は削減されるとともに，その教科の性質自体も総合性を弱められていくことになった．

日本が高度経済成長期となる1960年代以降になると，学校における教育活動も当時の社会情勢に呼応するように，経済成長に資する人材育成が中心的に求められ，教科ごとの系統的で基礎的な学力が主眼となっていった．すなわち，学校が産業化する社会への人材を輩出するシステムや工場のような存在になりつつあった時代とも言われたが，その反動として1970年代以降になると学校や学校教育の中での教科や教育課程の大幅な見直しが進むこととなった．

そのような中，信州大学教育学部附属長野小学校は戦前の「研究学級」の伝統を戦後も引き継ぎ，独自の総合学習の実践研究を進め，1975（昭和50）年には『総合学習の主張』（明治図書），1979（昭和54）年には『総合学習の展開』（明治図書）によって実践の成果を世に問うている．

同じく長野県の伊那市立伊那小学校においては，1970年代後半から低学年段階では教科の枠を取り払った「総合学習」，中学年以降は教科等で得た学びを実地に生かして統合する「総合活動」の実践が続けられている．伊那小学校の実践は，現在も例年2月に開催される公開学習指導研究会で，その一端をうかがえるとともに，実践が始められた当初の様子については，1980（昭和50）年の『内から育つ子ら』，1981（昭和56）年の『自ら学ぶ』（いずれも信濃教育出版，復刻版のオンデマンド書籍もある）で確認することができる．

第6節

公式に小中高校に「総合的な学習の時間」が設定された意図と現在

　ここまで,「総合的な学習の時間」の前史として,近代的な学校教育の成立時からの総合的な学習が試みられた代表的な取り組みを振り返ってきた.現在の「総合的な学習の時間」は必ずしも突然に始まった動向ではなく,100年以上にわたる日本の学校教育の中での試行錯誤の蓄積の延長線上にある.

　とはいえ,日本の学校教育の中では「総合的な学習の時間」は,1998(平成10)年告示の学習指導要領で,正式には初めて設定された学習の時間である.ここまで明らかにしてきたように,日本の学校教育における教育課程では国語科や理科などの教科が中心であり続けてきた.そのような教育課程の中に,1998年以降に新たに「総合的な学習の時間」が小学校から高等学校までを通して設置された意図を確認しておく必要がある.

　公式には,1996(平成8)年7月19日の中央教育審議会の第一次答申「21世紀を展望した我が国の教育のあり方について」において,「横断的・総合的な学習の推進」として,次のように示されたことで,「総合的な学習の時間」の創設の流れが形作られた.

> 　今日,国際理解教育,情報教育,環境教育などを行う社会的要請が強まってきているが,これらはいずれの教科等にもかかわる内容を持った教育であり,そうした観点からも,横断的・総合的な指導を推進していく必要性は高まっていると言える.このため,(中略)各教科の教育内容を厳選することにより時間を生み出し,一定のまとまった時間(以下,「総合的な学習の時間」と称する.)を設けて横断的・総合的な指導を行うことを提言したい.この時間における学習活動としては,国際理解,情報,環境のほか,ボランティア,自然体験などについての総合的な学習や課題学習,体験的な学習等が考えられるが,その具体的な扱いについては,子供たちの発達段階や学校段階,学校や地域の実態等に応じて,各学校の判断により,その創意工夫を生かして展開される必要がある.

　それまでの学校の教育活動においても,各教科等の間の連携を図った指導や横断的・総合的な指導の充実や推進は叫ばれてきていたが,そのための時間の

捻出や工夫のあり方については，各学校や実践者側の裁量に委ねられていた．1996年の中央教育審議会の答申により，全国の学校に一律に「総合的な学習の時間」を設けることを示すことで，どの学校においても横断的・総合的な学習の推進を図ろうとするねらいが込められることになった．続いて，1998年7月29日の教育課程審議会答申「幼稚園，小学校，中学校，高等学校，盲学校，聾学校及び養護学校の教育課程の基準の改善について」では，さらに具体的に「総合的な学習の時間」の創設の趣旨が次のように示された．

> 「総合的な学習の時間」を創設する趣旨は，各学校が地域や学校の実態等に応じて創意工夫を生かして特色ある教育活動を展開できるような時間を確保することである．また，自ら学び自ら考える力などの［生きる力］は全人的な力であることを踏まえ，国際化や情報化をはじめ社会の変化に主体的に対応できる資質や能力を育成するために教科等の枠を超えた横断的・総合的な学習をより円滑に実施するための時間を確保することである．

この趣旨の中でも「総合的な学習の時間」は，地域や学校の実態等に応じて創意工夫を生かした特色ある教育活動を展開できる時間であること，教科等の枠を超えた横断的・総合的な学習をより円滑に実施するための時間であることが改めて強調された．加えて，自ら学び自ら考える力や社会の変化に主体的に対応できる資質や能力の育成を目指すことも明記された．21世紀を迎える直前の時期に，今後の日本の教育のあり方を検討する中央教育審議会と当時の教育課程審議会で示された「総合的な学習の時間」は，1998年12月14日告示の小学校と中学校の学習指導要領，1999（平成11）年3月29日告示の高等学校の学習指導要領において，小学校から高等学校までの教育課程の中に正式に位置付けられることとなった．

小学校と中学校では2002（平成14）年から，高等学校では2003（平成15）年から授業が完全実施されて以来，「総合的な学習の時間」は15年以上の実践を蓄積してきている．これまで「総合的な学習の時間」との親和性の高い低学年段階の生活科の経験がある小学校での積極的な取り組みと比較すると，中学校と高等学校における実践展開の歩みは緩やかであったが，特に高等学校では2018（平成30）年3月30日告示の学習指導要領において「総合的な探究の時間」に

名称が変更されたことに伴い，探究を主眼とする新たな実践展開のあり方を試行錯誤する取り組みが活発化している．今後は，小学校から高等学校までを通して，探究的な学習の過程をさらに重視し，各教科等で育成する資質・能力を相互に関連付けながら，実際の社会や生活においてもそのような資質・能力を活用できるとともに，各教科等を越えた学習の基盤となる資質・能力の育成までを視野に入れた総合的な学習の展開が期待されている．

参考文献
「総合的な学習」実践研究会編『総合的な学習の実践事例と解説』第一法規，1999年．
永田忠道『大正自由教育期における社会系教科授業改革の研究』風間書房，2006年．
永田忠道「生活科・総合における実践研究の動向―ブックレット10年の実績から―」日本生活科・総合的学習教育学会『生活科・総合のブックレット』第10号，2016年，68-72頁．

第2章

「総合的な学習の時間」（小学校・中学校）の目標と内容

第1節
総合的な学習の時間の目標

1. 総合的な学習の時間の目標の構成要素

　本章では，学習指導要領及び学習指導要領解説　総合的な学習の時間編（文部科学省，2018a，2018b）（本章において以下，解説）を参考に，総合的な学習の時間を構想・実践していく上で重要となる総合的な学習の時間の目標，各学校において定める目標や内容について理解を深めたい．

　「小学校学習指導要領第5章総合的な学習の時間」と「中学校学習指導要領第4章総合的な学習の時間」の「第1　目標」には，この時間の目標が次のように示されている．

> 第1　目標
> 　探究的な見方・考え方を働かせ，横断的・総合的な学習を行うことを通して，よりよく課題を解決し，自己の生き方を考えていくための資質・能力を次のとおり育成することを目指す．
> （1）探究的な学習の過程において，課題の解決に必要な知識及び技能を身に付け，課題に関わる概念を形成し，探究的な学習のよさを理解するようにする．
> （2）実社会や実生活の中から問いを見いだし，自分で課題を立て，情報を集め，整理・分析して，まとめ・表現することができるようにする．
> （3）探究的な学習に主体的・協働的に取り組むとともに，互いのよさを生かしながら，積極的に社会に参画しようとする態度を養う．

　これは，各教科等の目標と同様，各学校において実現していかなければなら

ない大綱的な基準となっている．この目標は，従来のこの時間の目標の構造とは異なり，大きく「総合的な学習の時間の特質に応じた学習の在り方」と「総合的な学習の時間で育成することを目指す資質・能力」の二つの要素に分類することができる．

2. 総合的な学習の時間の特質に応じた学習の在り方

このうち，総合的な学習の時間の特質に応じた学習の在り方は，下記の三つの要素で構成されている．
① 探究的な見方・考え方を働かせること
② 横断的・総合的な学習を行うこと
③ よりよく課題を解決し，自己の生き方を考えていくための資質・能力を育成すること

2017（平成29）年の学習指導要領改訂では，全ての教科等において固有の「見方・考え方」が示されている．2016（平成28）年12月の中央教育審議会「幼稚園，小学校，中学校，高等学校及び特別支援学校の学習指導要領等の改善及び必要な方策等について（答申）」及び同別紙1によれば，総合的な学習の時間における固有の見方・考え方である「探究的な見方・考え方」とは，「各教科等における見方・考え方を総合的に働かせて（活用して），広範な事象を多様な角度から俯瞰して捉え，実社会や実生活の文脈や自己の生き方と関連付けて問い続けること」（括弧内は中学校）である．この探究的な見方・考え方を働かせることが冒頭に置かれていることは，総合的な学習の時間において「探究的な学習」が中心に据えられていることを意味しており，探究的な学習における児童生徒の学習の姿（過程）は図2-1のように示されている．

探究的な学習とは，児童生徒が日常生活や社会に生起する複雑な問題について，その本質を探って見極めようとする学習であり，次の四つの問題解決的な活動が発展的に繰り返されていく一連の学習活動のことである．
① 課題の設定：日常生活や社会に目を向けた時に湧き上がってくる疑問や関心に基づいて，自ら課題を見付けていく．

第2章 「総合的な学習の時間」(小学校・中学校)の目標と内容

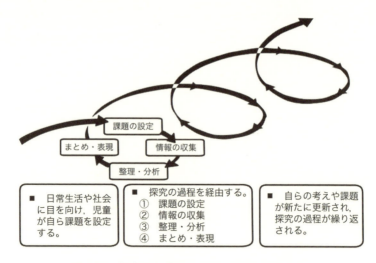

図2-1 探究的な学習における児童の学習の姿
(出典：小学校学習指導要領（平成29年告示）解説　総合的な学習の時間編, p.9)

② 情報の収集：そこにある具体的な問題について情報を収集していく．
③ 整理・分析：その情報を整理・分析したり，知識や技能に結び付けたり，考えを出し合ったりしながら問題の解決に取り組んでいく．
④ まとめ・表現：明らかになった考えや意見などをまとめ・表現し，そこからまた新たな課題を見付け，さらなる問題の解決を始めるといった学習活動を発展的に繰り返していく．

　①→②→③→④の過程は常に固定化されたものではなく，順序が入れ替わったり，ある活動に重点化したりすることもあり，これら四つの活動が何度も繰り返され，スパイラルに高まることで，児童生徒が自ら課題を見付け，自ら学び，自ら考え，主体的に判断し，よりよく問題を解決する資質・能力を育成することができる．
　また，探究的な学習だけでなく「横断的・総合的な学習」も，総合的な学習の時間の創設期から示されてきた特有の学習の在り方である．この時間の学習の対象や領域は横断的・総合的でなければならず，特定の教科等の枠を超えて，各教科等で身に付けた資質・能力を活用・発揮しながら，探究する価値のある

課題について解決に向けて取り組んでいく必要がある．

さらに，これらの学習活動を通じて，児童生徒の資質・能力をはぐくみ，児童生徒が自らの知識・技能等を総合的に働かせ，具体的な課題をよりよく解決することにより，人・社会・自然との関わりにおいて，自らの生活や行動について考えたり，自分にとっての学ぶことの意味や価値について考えることになる．そして，終局的には学んだことから現在及び将来の自己の生き方を考えることが目指されている．

3. 総合的な学習の時間で育成することを目指す資質・能力

では，よりよく課題を解決し，自己の生き方を考えていくためには，総合的な学習の時間においてどのような資質・能力の育成を目指す必要があるのだろうか．2017（平成29）年の学習指導要領改訂では，従来とは異なり，全ての教科等において生きて働く「知識及び技能」，未知の状況にも対応できる「思考力，判断力，表現力等」，学びを人生や社会に生かそうとする「学びに向かう力，人間性等」という三つの柱に基づいて資質・能力の整理がなされている．

第1の目標に示された(1)の資質・能力では，何を理解しているか，何ができるかといった，総合的な学習の時間を通じた知識及び技能の習得に関することが示されている．第1の目標に示された(2)の資質・能力では，理解していること，できることをどう使うかといった，この時間を通じた思考力，判断力，表現力等の育成に関することが示されている．第1の目標に示された(3)の資質・能力では，どのように社会・世界と関わり，よりよい人生を送るかといった，この時間を通じた学びに向かう力や人間性等の涵養に関することが示されている．なお，探究的な学習や横断的・総合的な学習において課題を解決する中で，これらの資質・能力を相互に関わり合わせながら育成していく一方で，課題を解決するためには一定の資質・能力が必要となるという双方向的な関係にあることを理解しておく必要がある．

以上のことから，総合的な学習の時間においては探究的な学習や横断的・総合的な学習を通じて，児童生徒の主体的・対話的で深い学びを促し，彼らの「生

きる力」をはぐくみ，児童生徒を，よりよく課題を解決し，自己の生き方を考えていける「探究し続ける人」とすることが求められていると言える．

第2節
各学校において定める目標

1. 各学校において具体的な目標や内容を定めるという特質

　総合的な学習の時間の学習指導要領の第2の各学校において定める目標及び内容では，先述の第1の目標を踏まえつつ，各学校においてこの時間の目標及び内容を定め，各学校が創意工夫を生かした特色ある総合的な学習の時間を展開していく必要性が示されている．さらに，2017（平成29）年の学習指導要領改訂では，各学校において定める目標及び内容の取り扱いに関する基本的な考え方等が，従前の「第3　指導計画の作成及び内容の取り扱い」から第2の3に移されている．これらに，総合的な学習の時間の特質が端的に表わされていると言える．この特質は，学習指導要領におけるこの時間の各規定の相互関係を表した図2-2からも見てとれる．

　各教科等の学習指導要領では，具体的な目標や内容が明確に記されているのに対して，総合的な学習の時間では，第1の目標に大きな方向性を規定しているものの，具体的な目標と内容については各学校が定めることになっている．すなわち，この時間では，学校や教師に大きな裁量権が与えられ，児童生徒の発達の段階，学校の実態，地域の特色といった学校の条件性に即して，教科・領域の枠組みを超える学びや複数の教科・領域にまたがる学びを展開できる絶好の機会と言えよう．

2. 各学校において定める目標を設定する上でのポイント

　総合的な学習の時間の学習指導要領の第2の1の目標では，「各学校においては，第1の目標を踏まえ，各学校の総合的な学習の時間の目標を定める」と

第 2 節　各学校において定める目標　17

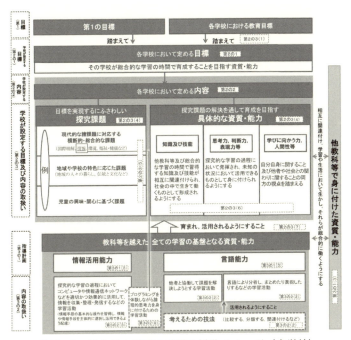

図 2-2　総合的な学習の時間の構造イメージ（小学校）
（出典：小学校学習指導要領（平成 29 年告示）解説　総合的な学習の時間編, p.18）

規定されている．各学校において定める総合的な学習の時間の具体的な目標とは，この時間全体を通して各学校が育てたいと願う児童生徒の姿や育成を目指す資質・能力，学習活動の在り方などを明確化したものである．解説において，「第 1 の目標を踏まえ」とは，第 1 の目標の趣旨を適切に盛り込むため，次の二つの要件を反映させることとされている．

① 「探究的な見方・考え方を働かせ，横断的・総合的な学習を行うことを通して」，「よりよく課題を解決し，自己の生き方を考えていくための資質・能力を育成することを目指す」という，目標に示された二つの基本的な考え方を踏まえること．

② 育成を目指す資質・能力については，「育成すべき資質・能力の三つの柱」である「知識及び技能」，「思考力，判断力，表現力等」，「学びに向かう力，人間性等」の三つのそれぞれについて，第 1 の目標の趣旨を踏まえること．

このように各学校において目標を定めることを求めているのは，各学校に主体的かつ創造的に指導計画を作成し，学習活動を展開していくことを求めているからである．

さらに，具体的な目標の設定に際しては，次のような三つの点に配慮するとともに，学校教育目標や育てたい児童生徒像の中に盛り込まれている児童生徒・地域・学校の実態や児童生徒の育ち（成長）に思いを寄せる保護者・地域・教師の願いを考慮しながら，設定していく必要がある．

① 各学校における教育目標を踏まえ，総合的な学習の時間を通して育成を目指す資質・能力を示すこと．
② 他教科等の目標との違いに留意しつつ，他教科等で育成を目指す資質・能力との関連を重視すること．
③ 日常生活や社会との関わりを重視すること．

とりわけ，①の「各学校における教育目標を踏まえ」に関わって，2017（平成29）年の学習指導要領改訂では，第1章総則の第2の1において，各学校の教育目標の設定に当たっては，この時間の学習指導要領の第2の1に基づき定められる目標との関連を図るものとされた．このことから，総合的な学習の時間が各学校の教育課程の編成やカリキュラム・マネジメントの中核となっていることを指摘できる．このカリキュラム・マネジメントの確立に向けて，石原（2016）は，教育課程（年間指導計画，単元計画など）編成時に「求められている結果（目標）」，「承認できる証拠（評価方法）」，「学習経験と指導（授業の進め方）」を三位一体のものとして考える西岡（2008）の「逆向き設計」論を参考に，学校教育目標として「どのような子どもたちを育てたいのか」，「どのような評価をするのか」，「どのような授業の進め方をするのか」について，学校で共通理解を得る必要があると述べている．これを総合的な学習の時間にたとえて考えると，各学校において定める総合的な学習の時間の具体的な目標としてどのような児童生徒（資質・能力）を育てたいのか，どのような評価をするのか，どのような総合的な学習の時間の進め方をするのかというように逆向きに考え，学校で共通理解を得ることが特色のある探究的かつ横断的・総合的な教育活動を創造し，ひいては，各学校のカリキュラム・マネジメントの実現にもつ

ながると考えられる．

第3節
各学校における定める内容

1. 各学校において定める内容の特質

　上述の具体的な目標と同じく，「何を学ぶか」という「目標を実現するにふさわしい探究課題」と，それを通して「どのようなことができるようになるか」という「探究課題の解決を通して育成を目指す具体的な資質・能力」で構成されるこの時間の具体的な内容も各学校が定めることとなっている．この二つは相互関係になっており，他の教科等にはない特質の一つである．2017（平成29）年の学習指導要領改訂の全体な特徴として，「何ができるようになるか」という育成を目指す資質・能力及び，そのために「何を学ぶか」という学習の内容と「どのように学ぶか」という学習方法のいずれもが重要であることが明示された．総合的な学習の時間においては，従来の考え方を転換するものではなく，この時間の具体的な内容の設定においてもその趣旨を明確化したものとなっている．解説では，具体的な内容の設定に際し，具体的な目標の設定の配慮事項と同じく，他の教科等の目標との違いに留意しつつ，他の教科等で育成を目指す資質・能力との関連を重視することや，日常生活及び社会との関わりを重視することが要件となっている．

2. 「目標を実現するにふさわしい探究課題」を設定する上でのポイント

　目標を実現するにふさわしい探究課題とは，従来「学習対象」として示されてきた，目標の実現に向けて各学校が設定した児童生徒が探究的な学習に取り組む課題であり，児童生徒がどのような対象（人・もの・こと）と関わるのかを具体的に記述したものである．探究課題を設定する際の要件としては，次の3点が示されている．

① 探究的な見方・考え方を働かせて学習することがふさわしい課題であること
② その課題をめぐって展開される学習が，横断的・総合的な学習としての性格をもつこと
③ その課題を学ぶことにより，よりよく課題を解決し，自己の生き方を考えていくことに結び付いていくような資質・能力の育成が見込めること

また，探究課題の例としては，国際理解，情報，環境，福祉，健康，資源エネルギー，安全(中学校のみ)，食，科学技術などの「現代的な諸課題に対応する横断的・総合的な課題」，町づくり，伝統文化，防災などの「地域や学校の特色に応じた課題」，キャリア(小学校のみ)，ものづくり，生命などの「児童生徒の興味・関心に基づく課題」，職業，勤労などの「職業や自己の将来に関する課題」(中学校のみ)などがある．表2-1にこれら四つの探究課題を具体化した例を学校種ごとに示している．

たとえば，小学校ではキャリアに関する例示があり，義務教育の最終段階にある中学校では，職業や自己の将来に関する課題がとりあげられている．これらは，生き方の教育であるキャリア教育の重要性を踏まえたものと考えられる．具体的には，自分の夢の実現に向けて，学び続ける人材を育成するという学校教育目標を掲げる小学校が，児童の興味・関心に基づく課題として「キャリア」を重視した場合，「実社会で働く人々の姿と自己の将来」のような探究課題が考えられる．

このように，探究課題には，横断的・総合的な学習としての性格をもち，探究的な見方・考え方を働かせて学ぶことができ，それらの学びを通して育成される資質・能力が，よりよく課題を解決し，自己の生き方を考えていくことにつながっていくような，教育的価値を有する課題であることが重要となる．これらの探究課題はあくまでも例示であり，各学校には，各学校のこの時間の具体的な目標や，児童生徒の発達の段階，学校の実態，地域の特色といった学校の条件性に応じて，探究課題を設定することが求められる．

表 2-1　目標を実現するにふさわしい探究課題の例

四つの探究課題		探究課題の具体例	
		小学校	中学校
現代的な諸課題に対応する横断的・総合的な課題	国際理解	地域に暮らす外国人とその人たちが大切にしている文化や価値観	地域に暮らす外国人とその人たちが大切にしている文化や価値観
	情報	情報化の進展とそれに伴う日常生活や社会の変化	情報化の進展とそれに伴う日常生活や消費行動の変化
	環境	身近な自然環境とそこに起きている環境問題	地域の自然環境とそこに起きている環境問題
	福祉	身の回りの高齢者とその暮らしを支援する仕組みや人々	身の回りの高齢者とその暮らしを支援する仕組みや人々
	健康	毎日の健康な生活とストレスのある社会	毎日の健康な生活とストレスのある社会
	資源エネルギー	自分たちの消費生活と資源やエネルギーの問題	自分たちの消費生活と資源やエネルギーの問題
	安全		安心・安全な町づくりへの地域の取組と支援する人々
	食	食をめぐる問題とそれに関わる地域の農業や生産者	食をめぐる問題とそれに関わる地域の農業や生産者
	科学技術	科学技術の進歩と自分たちの暮らしの変化	科学技術の進歩と自分たちの暮らしの変化
地域や学校の特色に応じた課題	町づくり	町づくりや地域活性化のために取り組んでいる人々や組織	町づくりや地域活性化のために取り組んでいる人々や組織
	伝統文化	地域の伝統や文化とその継承に力を注ぐ人々	地域の伝統や文化とその継承に力を注ぐ人々
	地域経済	商店街の再生に向けて努力する人々と地域社会	商店街の再生に向けて努力する人々と地域社会
	防災	防災のための安全な町づくりとその取組	防災のための安全な町づくりとその取組
児童生徒の興味・関心に基づく課題	キャリア	実社会で働く人々の姿と自己の将来	
	ものづくり	ものづくりの面白さや工夫と生活の発展	ものづくりの面白さや工夫と生活の発展
	生命	生命現象の神秘や不思議さと,そのすばらしさ	生命現象の神秘や不思議さと,そのすばらしさ
職業や自己の将来に関する課題	職業		職業の選択と社会への貢献
	勤労		働くことの意味や働く人の夢や願い

(小学校学習指導要領(平成 29 年告示)解説　総合的な学習の時間編,pp.74-77,中学校学習指導要領(平成 29 年告示)解説　総合的な学習の時間編,pp.73-77 を参考に作成)

3.「探究課題の解決を通して育成を目指す具体的な資質・能力」を設定する上でのポイント

　各学校が設定する具体的な内容には,上述の各探究課題の解決を通して,児童生徒にどのような資質・能力をはぐくむのかも具体的に記述する必要がある.この探究課題の解決を通して育成を目指す具体的な資質・能力と各学校におい

て定める具体的な目標の二つにより，自校の総合的な学習の時間を通して「どんな児童生徒を育てたいか」を明確化することになる．従来，総合的な学習の時間においては，「学習方法に関すること」，「自分自身に関すること」，「他者や社会とのかかわりに関すること」の三つの視点から「育てようとする資質や能力及び態度」を示すことが求められきた．各学校においては，育てようとする資質や能力及び態度を明確化するとともに，それらの育成に取り組んできた．2017（平成29）年の学習指導要領改訂では，資質・能力の三つの柱に沿って，この時間における探究課題の解決を通して育成を目指す具体的な資質・能力を設定することとされており，配慮すべき点として次の三つが示されている．

① 知識及び技能については，他教科等及び総合的な学習の時間で習得する知識及び技能が相互に関連付けられ，社会の中で生きて働くものとして形成されるようにすること．

② 思考力，判断力，表現力等については，課題の設定，情報の収集，整理・分析，まとめ・表現などの探究的な学習の過程において発揮され，未知の状況において活用できるものとして身に付けられるようにすること．

③ 学びに向かう力，人間性等については，自分自身に関すること及び他者や社会との関わりに関することの両方の視点を踏まえること．

なお，「思考力，判断力，表現力等」については，従来，各学校で設定されてきた育てようとする資質や能力及び態度の視点のうち「学習方法に関すること」と対応している．「学びに向かう力，人間性等」については，これまで各学校で設定されてきた育てようとする資質や能力及び態度の視点のうち「自分自身に関すること」及び「他者や社会とのかかわりに関すること」と対応している．これらのことから，これまで各学校に蓄積されてきた育てようとする資質や能力及び態度に関する知見を具体的な資質・能力の設定に生かすことが可能であると考えられる．たとえば，総合的な学習の時間においても展開されているキャリア教育では，これまで行われてきた様々な教育活動をキャリア教育の視点から（キャリア教育を通して育成することが期待されている基礎的・汎用的能力のフィルターを通して）振り返り，キャリア教育として生かせる「宝」を洗い出すことの重要性が指摘されている（国立教育政策研究所生徒指導・進

路指導研究センター，2012）．総合的な学習の時間においても，各学校がこれまで蓄積してきた育てようとする資質や能力及び態度に関する知見を三つの資質・能力のフィルターを通して振り返り，探究課題の解決を通して育成を目指す具体的な資質・能力として生かせる「宝」を洗い出し，深化・発展させていくことが大切である．

4.「考えるための技法」の重要性とその活用

　ところで，解説の第2の3の(7)では，探究課題及び育成を目指す具体的な資質・能力については，教科等を越えた全ての学習の基盤となる資質・能力がはぐくまれ，活用されるものとなるよう配慮することが大切であるとされている．総合的な学習の時間においては，教科等を越えた全ての学習の基盤となる資質・能力として情報活用能力や論理的思考力，言語能力などがあげられている（図2-2参照）．たとえば，情報活用能力は，探究的な学習の過程においてICTなどを適切かつ効果的に活用して情報を収集・整理・発信するなどの学習活動を通じて育成を目指している．論理的思考力については，プログラミングを体験する学習を通じて育成を目指している．言語能力は，探究的な学習の過程において，他者と協働して課題を解決しようと学習活動や，言語により分析し，まとめたり表現したりするなどの学習活動を通じて育成を目指している．とりわけ，言語能力を育成する学習活動に際しては2017（平成29）年の学習指導要領改訂では，「考えるための技法」を適切かつ効果的に活用することとされた．
・考えるための技法とは，考える際に必要になる情報の処理方法を，「順序付ける」，「比較する」，「分類する」，「関連付ける」，「多面的に見る・多角的に見る」，「理由付ける」，「見通す」，「具体化する」，「抽象化する」，「構造化する」のように具体化し，技法として整理したものである．表2-2に，これら考えるための技法の例を示している．たとえば，小学校において「キャリア」を重視した「実社会で働く人々の姿と自己の将来」の探究課題をとりあげた際，児童に自分の好きなものや興味のあるものなどを考えさせ，「関連付ける」技法を用いて，見出した複数の対象（好きなものや興味のあるものなど）にどのよう

表2-2 「考えるための技法」の例

考えるための技法	具体例
順序付ける	複数の対象について,ある視点や条件に沿って対象を並び替える
比較する	複数の対象について,ある視点から共通点や相違点を明らかにする
分類する	複数の対象について,ある視点から共通点のあるもの同士をまとめる
関連付ける	複数の対象がどのような関係にあるかを見付ける
	ある対象に関係するものを見付けて増やしていく
多面的に見る・多角的に見る	対象のもつ複数の性質に着目したり,対象を異なる複数の角度から捉えたりする
理由付ける	対象の理由や原因,根拠を見付けたり予想したりする
見通す	見通しを立てる
	物事の結果を予想する
具体化する	対象に関する上位概念・規則に当てはまる具体例を挙げたり,対象を構成する下位概念や要素に分けたりする
抽象化する	対象に関する上位概念や法則を挙げたり,複数の対象を一つにまとめたりする
構造化する	考えを構造的(網構造・層構造など)に整理する

(小学校学習指導要領(平成29年告示)解説　総合的な学習の時間編,pp.84-85,中学校学習指導要領(平成29年告示)解説　総合的な学習の時間編,p.80 を参考に作成)

な関係にあるかを見付けさせたり,ある対象に関連するものをさらに見付けて増やしたりすることが考えられる.

　なお,「考えるための技法」を活用することの意義としては,次の3点が示されている.

① 探究的な学習の過程のうち,特に「情報の整理・分析」の過程における思考力,判断力,表現力等を育てるためである.
② 児童生徒の協働的な学習を充実させるためである.
③ 総合的な学習の時間の各教科等を越えた全ての学習の基盤となる資質・能力を育成すると同時に,各教科等で学んだ資質・能力を実際の問題解決に活用したりするという特質を生かすためである.

　各学校においては,これらの意義を踏まえつつ,この時間における児童生徒の学習活動に考えるための技法を適切かつ効果的に取り入れ,探究的な学習をスパイラルに高め,彼らの主体的・対話的で深い学びを促し,この時間で育成を目指す資質・能力や教科等を越えた全ての学習の基盤となる資質・能力をは

ぐくんでいくことが期待される．

第4節
特色のある総合的な学習の創造に向けて
〜学校経営学の視座から〜

　本章では，総合的な学習の時間を構想・実践していく上で重要となる総合的な学習の時間の目標，各学校において定める目標や内容について，その意義や設定する上でのポイント等について述べてきた．各学校において定める目標や内容に関する整理を通じて，総合的な学習の時間が各学校の教育目標や教育活動全体（教育課程）と密接に関連していることを指摘できる．このことを踏まえて，最後に，学校経営学の視座（マネジメントプロセス）から，特色のある総合的な学習の時間を創造する上で，学校，教師に求められる視点を素描したい．

　特色のある総合的な学習の時間を創造していくためには，まず校長がリーダーシップを発揮し，総合的な学習の時間を担当する教師だけでなく，全教職員がそれぞれの個性と専門性を発揮しながら一致協力することが不可欠である．その上で，各学校の条件性を踏まえて，自律的かつ創造的に各学校において定める目標や内容を設定し，この時間の指導計画や実践へと具現化していくことが求められる（米沢，2018）．そのためには，学校内を開いていく視点（教職員全体の資質能力向上に資する校内研修の実施などの学校内の体制づくり）と，学校外に開かれた視点（家庭・地域等との連携・協働などの学校外との体制づくり）が不可欠である（林，2009b）．また，学校及び教師には，総合的な学習の時間の改善・充実に向けた不断の努力が必要であり，展開する過程において「計画（Plan）」→「実施（Do）」→「評価（Check）」→「改善（Action）」というマネジメントサイクルを循環させることが求められる．その際，「私たちの学校では，総合的な学習の時間の展開にあたって，学校の教育目標やこの時間の目標を踏まえ，各学校において定める目標や内容を設定し，○○に取り組み，△△という結果を得た．課題は□□である．したがって，次年度のこの時間においては◎◎を大切に，◇◇に取り組む」といったようにそれぞれの段

階を指導計画や実際の展開において具体的・明確に示すことが大切である(林，2009a)．総合的な学習の時間において児童生徒が「探究し続ける人」として成長していくためには，まず学校が「探究し続ける組織」，教師が「探究し続ける人」であることが求められる．

引用・参考文献

林孝「マネジメント」石井眞治・井上弥・沖林洋平・栗原慎二・神山貴弥（編）『児童・生徒のための学校環境適応ガイドブック－学校適応の理論と実践－』協同出版，2009年a，pp.106-111．

林孝「『特色ある開かれた学校づくり』に学校評価システムを生かす」岡東壽隆（監）『教育経営学の視点から教師・組織・地域・実践を考える－子どものための教育の創造－』北大路書房，2009年b，pp.122-132．

石原陽子「国語科を核とした教科横断的な学習に関する研究—M小学校のカリキュラム創造への取り組みを基に—」『プール学院大学研究紀要』第57号，2016年，pp.149-161．

国立教育政策研究所生徒指導・進路指導研究センター『キャリア教育をデザインする「今ある教育活動を生かしたキャリア教育」—小・中・高等学校における年間指導計画作成のために—』，2012年，http://www.nier.go.jp/shido/centerhp/design-career/design-career.html（2018年11月31日現在）．

文部科学省『中学校学習指導要領（平成29年告示）解説 総合的な学習の時間編』東山書房，2018年a．

文部科学省『小学校学習指導要領（平成29年告示）解説 総合的な学習の時間編』東洋館出版社，2018年b．

西岡加名恵（編）『逆向き設計で確かな学力を保障する』明治図書，2008年．

米沢崇「総合的な学習の時間の教育課程」鈴木由美子（編）『教育課程論【改訂版】』2018年，pp.179-198．

第 3 章

「総合的な学習の時間」（小学校・中学校）の指導計画の作成

第 1 節

指導計画の作成

　2017年の小学校学習指導要領及び中学校学習指導要領では，総合的な学習の時間の目標として，「探究的な見方・考え方を働かせ，横断的・総合的な学習を行うことを通して，よりよく課題を解決し，自己の生き方を考えていくための資質・能力」の育成を掲げている．

　総合的な学習の時間は，子供たちが，社会および生活の課題に関わり，探究する中で，自己の生き方や未来を展望していくことに本質がある．つまり，生きる力の育成と結びついている．子供たちが生涯にわたって，学び続けていくことができるように，各学校には，総合的な学習の時間及び生活科を中心とした教育課程を編成していくことが求められている．

　総合的な学習の時間の指導計画の作成に当たって，教師にはどのような発想が求められるのだろうか．以下，『小学校学習指導要領解説　総合的な学習の時間編』及び『中学校学習指導要領解説　総合的な学習の時間編』を基礎に考えてみよう．

1. 基本的な考え方

　2017年の学習指導要領改訂では，各教科・領域の目標及び内容が，(1)「知識及び技能」，(2)「思考力，判断力，表現力等」，(3)「学びに向かう力，人間性等」の 3 本柱で整理された．これらが，教育課程及び指導計画の中心となっ

ている．総合的な学習の時間では，(1)－(3)の観点が「偏りなく実現される」ことが求められる．そこで，指導計画(全体計画，年間指導計画)の作成によって，目標及び内容との関係で教育活動の見通しを立てることが重要となる．

　加藤幸次は，カリキュラム(＝指導計画等)を「科学・学問中心型」と「課題・問題中心型」に整理した上で，総合的な学習の時間は，後者の代表であり，「『現代的課題』を取り扱う学習であると同時に『個人的問題』をベースにした学習でもある」(加藤，2017:57-69)と述べている．

　子供たちが，課題や問題を探究する中で，内容に価値を見出していくことになる．それゆえ，学校及び教師の側に見通しがなければ，活動がはい回る危うさを持っている．保護者や地域の住民に対しても，子供の教育に対する説明責任を果たすことが出来なくなる．そのため，明確な指導計画を作成したい．

　しかし，総合的な学習の時間の指導計画は，固定化したものではない．子供と共にカリキュラムを作っていく，作り直していくという構成主義的な発想が大切になる．たとえば，小林宏己は，総合的な学習の時間の指導計画について，「まず活動の見通しを立て，子どもにどのような学びの姿が生まれ，そこにどのような価値の実現が見込まれるのかを仮説」することを「0次案」と呼んでいる．子供の思いや願いに寄り添いながら，「n次案」へと修正していく，指導計画の「編み直し」が大切と述べている(小林，2003：12-19)．

　教育活動の見通しを持たなければ，子供たちの思いや願いの深まりや変化も評価することが出来ない．学びの見取り図となるような指導計画(全体計画や年間指導計画)の作成が求められる．指導計画の作成をおこなうことは，日々の実践を改善し，教師の指導力を高めていく上でも効果を発揮するだろう．

2．これまでの実践を振り返る

　総合的な学習の時間は，「自然体験やボランティア活動等の社会体験，ものづくり，生産活動などの体験活動，観察・実験，見学や調査，発表や討論などの学習活動」を中心に展開する．地域の清掃活動や募金活動をしたり，職場体験をしたりと様々な体験活動が想定できる．これらは，全国各地の学校で行わ

れているが，単発の活動に終始しては学びが深まらない．調査や発表といった学習活動も同様である．活動は，子供たちの探究過程（＝指導計画や単元計画）に位置付けることで，「主体的・対話的で深い学び」の実現への原動力となる．「年間や，単元など内容や時間のまとまりを見通して」いくことが求められている．たとえば，プロジェクト学習を取り入れることがある．

　小学校や中学校では，総合的な学習の時間について，多くの実践が蓄積されている．先進校の取組もさることながら，近隣の他校や自校の実践を振り返り，その良さや課題を見出し，次の実践に繋げていきたい．学生の皆さんは，出身小学校及び中学校の総合的な学習の時間を調べてみるとよいだろう．どのような目標で，どのような教育活動・内容が編成されているか．さらには，学校や地域の実態や学校教育目標との関係性も考えてみたい．

　総合的な学習の時間は，各学校で適切な名称を定めることができる．『小学校学習指導要領解説　総合的な学習の時間編』では，「地域のシンボルや学校教育目標，保護者や地域の人々の願いに関連した名称など，この時間の趣旨が広く理解され，児童や保護者，地域の人々に親しんでもらえるように適切な名称を定めればよい」としている．名称に込められた願いを読み解いてみよう．たとえば，ドリームタイム（札幌市立資生館小学校），かしわ学習（秋田市立川尻小学校），大岡の時間（横浜市立大岡小学校）等がある（文部科学省，2011a：111-148）．

　2017年の学習指導要領改訂に際しては，「社会に開かれた教育課程」や「アクティブ・ラーニング（主体的・対話的で深い学び）」，「見方・考え方」など，多くのキーワードが提起された．こうした視点は，少なくとも総合的な学習の時間については，これまでの実践にも含まれている．そもそも，総合的な学習の時間は，新学力観の象徴として，1998年の学習指導要領改訂で新設された経緯がある．しかし，各キーワードに通じる活動が，自覚的・意図的には行われていない側面もあった．『小学校学習指導要領解説　総合的な学習の時間編』及び『中学校学習指導要領解説　総合的な学習の時間編』では，これまでの実践を見つめ直し，「『主体的な学び』，『対話的な学び』，『深い学び』の視点から授業改善を図ること」が提案されている．

3. 創意工夫を生かした教育活動

　総合的な学習の時間では,「創意工夫を生かした教育活動の充実を図ること」が求められている．指導計画の作成では,学習指導要領に示された「第1の目標」と「各学校における教育目標」を踏まえて,各学校において目標や内容を定めていくものとなっている．したがって,学校の独自性が発揮できるがゆえに,大がかりで独創性の高い実践も行われている．

　しかし,全ての学校がそれに追随する必要はない．堅実に地味な実践でもよい．あくまでも「児童や学校,地域の実態に応じて,それぞれの学校の児童にふさわしい教育活動」を展開することを意識したい．教師自身が楽しみながら,子供たちと協働的に探究していくような学習を展開していきたい．子供にとっては,教師と関わること自体も学びになる．

　総合的な学習の時間は,子供たちが「実社会・実生活の課題を探究し,自己の生き方を問い続ける」といった特質を持っている．探究の過程（①課題の設定→②情報の収集→③整理・分析→④まとめ・表現）に注目が集まりがちである．あくまで,この過程は例示であり柔軟に考えたい．大切なことは,どのような課題や問いを探究するかである．

　探究課題は,子供たちの問題意識や地域の実態に根ざし,真正かつ社会的に意義があるものとしたい．地域の自然環境や町にある機関（企業や団体,施設など）や文化・歴史といった社会環境,「そこに住む人やその営み」とその背後にある「思いや願い」といった人的環境などを生かして,指導計画を作成していきたい．教師自らが,地域を歩き,環境（自然や社会,人々）と関わることが大切といえる．その際に,「生活科マップ」や「生活科暦」の発想が総合的な学習の時間でも応用できる（無藤,2001:103）．

　総合的な学習の時間における教師の役割は,子供たちが何気なしに過ごしている（＝知ってるつもりになっている）環境に向き合い,関わる機会を作り,それを教育活動として仕掛けていくことにある．

4. カリキュラム・マネジメントとは

　総合的な学習の時間は,「児童や学校,地域の実態等に応じて」教育活動を展開していく.それゆえ,各学校で目標（＝育てたいと願う児童の姿）を設定し,目標を実現するための内容（＝探究課題や具体的な資質・能力）を明確にして,学習活動（＝単元）や学習評価を行っていくことが求められる.

　指導計画は,全体計画と年間指導計画に分かれる.『小学校学習指導要領解説　総合的な学習の時間編』では,次のように説明している.全体計画は,総合的な学習の時間の「基本的な在り方を概括的・構造的に示すもの」であり,年間指導計画は,「全体計画を踏まえ,その実現のために,どのような学習活動を,どのような時期に,どのくらいの時数で実施するのかなどを示すもの」である.総合的な学習の時間は,「学校における全教育活動との関連の下に」指導計画を作成する.つまり,各学校でのカリキュラム・マネジメントが求められる.

　『小学校学習指導要領解説　総合的な学習の時間編』によれば,カリキュラム・マネジメントには,3つの側面がある.それは,「①内容等を教科等横断的な視点で組み立てていくこと」「②教育課程の実施状況を評価してその改善を図っていくこと」「③教育課程の実施に必要な人的又は物的な体制を確保するとともにその改善を図っていくこと」である.①-③を「校長のビジョンとリーダーシップ」の下に行っていくことが強調されている.

　こうした発想の背後には,「学校に基礎を置くカリキュラム開発」といった考え方がある.田中耕治は,「まず何よりも学校とは教師の集まりとする学校観を脱」することが大切であり,「教育の専門力量を持つ教師と学校の教育的運営にかかわる教育職員からなる教職員集団,能動的な学習主体として発達することが期待される子ども集団,さらには学校をさまざまなレベルと活動で支える保護者・地域住民集団」の3者から成り立つという発想に転換する必要があるという（田中,1999:26）.

　教職員,子供,保護者・地域住民の協働によって,教育活動を行っていくことが求められている.地域の教育拠点たる学校において,どのような子供の育

成を目指すのかを，共に考え，時に協力を要請できる体制作りが大切なのである．校長のリーダーシップの下に，専門家としての教師たちが自律的に話し合うことで指導計画を作成していきたい．

　カリキュラム・マネジメントの中では，「①内容等を教科等横断的な視点で組み立てていくこと」が強調されている．「各教科等で別々に身に付けた資質・能力をつながりあるものとして組織化し直し，改めて現実の生活に関わる学習において活用し，それらが連動して機能するようにすること」と説明されている．各教科等の見方・考え方を総合し，働かせ，子供の実生活にとって真に意味あるものへ高めることを意図している．ここでいう教科等には，道徳科も含まれる．たとえば，「道徳的な価値についてより深く理解したり，自分の生き方と関連付けて考えられるようになったりする」と示されている．見方，考え方は，概念や価値，技能と捉えると分かりやすい．こうした探究的な学習の過程の中で，「言語能力」や「情報活用能力」の育成も位置付けていくことが求められている．

　また，学校には多様な子供たちが在籍していることを忘れてはならない．一人一人の子供の学習特性や発達障害による学習困難への指導や支援はもちろんのこと，日本語を母語としない子供等にも計画的・組織的な支援を行う必要がある．総合的な学習の時間では，全ての子供たちが自分の思いや願いを持って，探究をしていく学習過程となる．こうした意味でも，「③教育課程の実施に必要な人的又は物的な体制を確保するとともにその改善を図っていくこと」が大切である．

第2節

指導計画における内容の取扱い

　学校には，子どもたち，教職員，保護者や地域の住民と多様な人々が期待を寄せている．また，学校の実態や地域の環境もそれぞれである．総合的な学習の時間では，「児童や学校，地域の実態等に応じて，児童が探究的な見方・考え方を働かせ，教科等の枠を超えた横断的・総合的な学習や児童の興味・関心

等に基づく学習を行う」ことが求められている．上記は，『小学校学習指導要領解説　総合的な学習の時間編』の記述であるが中学校にも共通する．

子供たちが「探究的な見方・考え方を働かせ」ていくためには，どのように指導計画を考えたら良いのだろうか．探究の課題設定のポイントを考えていこう．

1. 探究的な学習と資質・能力

総合的な学習の時間は，探究的な学習の過程となる．その過程で，資質・能力（＝「知識及び技能」「思考力，判断力，表現力等」「学びに向かう力，人間性等」）を深めていくことが目指される．各学校において，子供たちに育成を目指す資質・能力を明確にすることが求められる．

「知識及び技能」は，個別の情報を知ることではなく，概念的な知識や汎用的な技能の習得を意味する．探究課題によって異なるため，学習指導要領には示されていない．各学校で明確にすることが求められる．各単元や1年間のスパンだけでなく，小学校4年間及び中学校3年間を通して，探究的な学習を繰り返すことで，より多くの事象を説明できる知識（＝概念）や様々な物事に活用できる技能（＝汎用的な技能）を習得させる．各教科等よりも適用範囲が広いものとなる．

「思考力，判断力，表現力等」は，探究の過程で発揮されながら鍛えられていくものである．各段階に対応して，次のように例示されている．①課題の設定では「より複雑な問題状況，確かな見通し，仮説」を持てるようになること，②情報の収集では，「より効率的・効果的な手段，多様な方法からの選択」ができるようになること，③整理・分析では，「より深い分析，確かな根拠付け」ができるようになること，④まとめ・表現では，「より論理的で効果的な表現，内省の深まり」といった子供の姿が想定されている．

そして，「学びに向かう力，人間性等」は，「自分自身に関すること」と「他者や社会との関わりに関すること」に整理されている．「自分自身に関することとしては，主体性や自己理解，社会参画などに関わる心情や態度」，「他者や社会との関わりに関することとしては，協働性や他者理解，社会貢献などに関

わる心情や態度」が想定されている．これらが，「より複雑な状況や多様で異なる他者との間においても発揮され」，「より自律的で，しかも安定的かつ継続的に発揮され」，「『自分自身に関すること』，『他者や社会との関わりに関すること』」が「一体となった資質・能力として発揮され」ることが目指されている．

　以上の資質・能力を高めていく過程(＝探究的な学習の過程)は，一人では為しえることが難しい．他の子供や教師，保護者や地域の住民，専門家等の「他者と協働して課題を解決」していくことが大切である．その際，「コンピュータや情報通信ネットワークなど」や「考えるための技法」を活用していくことが推奨されている．

　考えるための技法は，「順序付ける」「比較する」「分類する」「関連付ける」「多面的に見る・多角的に見る」「理由付ける（原因や根拠を見つける）」「見通す（結果を予想する）」「具体化する（個別化する，分解する）」「抽象化する（一般化する，統合する）」「構造化する」といったスキルであり，子供たちが自ら学び続けていくことを支援するツールとなる．

　「考えるための技法」は，人文・社会諸科学や自然諸科学の方法とも言える．たとえば，生物学者は動植物を外見や系統から分類したり，地理学者は地域間の社会事象を関連付けたりする．これらは，教科学習の内容にも共通する．総合的な学習の時間と他教科を接続する鍵となる．一部の原理を除き，ほとんどの知識は新しいものに急速に更新されている．こうした時代においては，方法や技能の側面を重視した学習も求められるだろう．

2. 探究課題の設定

　探究の課題設定は，「学校の実態に応じて」行うものとなっている．子供に育成したい資質・能力から探究課題（学習対象）を設定していきたい．学校において，伝統的な探究課題（平和学習や環境学習等）がある場合は，これまでの実践を振り返りながら，どのような資質・能力が育成できるかを考えても良いだろう．

　小学校学習指導要領では，「国際理解，情報，環境・福祉・健康などの現代

的な諸課題に対応する横断的・総合的な課題，地域の人々の暮らし，伝統や文化など地域や学校の特色に応じた課題，児童の興味・関心に基づく課題などを踏まえて設定する」と記載されている．中学校学習指導要領では，上記に加えて「職業や自己の将来に関する課題」がある．

　小学校の場合，課題には1「現代的な諸課題に対応する横断的・総合的な課題」（国際，情報，環境，資源エネルギー，福祉，健康，食，科学技術など）2「地域や学校の特色に応じた課題」（町づくり，伝統文化，地域経済，防災など）3「児童の興味・関心に基づく課題」（キャリア，ものづくり，生命など）が想定されている（文部科学省，2011a:72-73）．

　国際理解や情報といった各課題はあくまで例示であり，各学校の総合的な学習の時間を拘束するものではない．学校で独自の課題を設定したり，学年ごとに課題を変えたりと柔軟に取り組むことができる．その際に，学校教育目標や学校において定める目標と整合していればよい．たとえば，横浜市立大岡小学校では，「地域」「環境」「福祉」「生活」「生命」「文化」の6つを探究課題として「学級ごとに単元開発を行っている」．第4学年では，「社会科を中心として各教科との関連を図って」，「大岡ウォーター探てい団（40時間）」や「全国，マンホール伺いたい（62時間）」といった単元を構想している（文部科学省，2011a:130-136）．

　学習指導要領の「指導計画の作成と内容の取扱い」において，小学校は「国際理解に関する学習」と「情報に関する学習」が特筆されている．中学校は「職業や自己の将来に関する学習」である．

　「国際理解に関する学習」は，「諸外国の生活や文化などを体験したり調査したりするなどの学習活動が行われるようにすること」とある．「地域に暮らす外国人とその人達が大切にしている文化や価値観」を探究課題とし，「日本の伝統や文化とそのよさ」「世界の国々の伝統や文化とそのよさ」「異なる文化と交流する活用や取組など」を学習事項としている（文部科学省，2011a:72）．こうした内容の背景には，グローバル化の進展がある．なお，これまで外国語の学習が総合的な学習の時間でも行われてきた経緯がある．『小学校学習指導要領解説　総合的な学習の時間編』では，「スキルの習得に重点を置くなど単な

る外国語の学習」は,「総合的な学習の時間にふさわしい学習とは言えない」と明記している.

「情報に関する学習」は,「情報を収集・整理・発信したり,情報が日常生活や社会に与える影響を考えたりする学習活動が行われるようにすること」とある.プログラミングを体験しながら論理的思考力を身に付けるための学習活動を行う場合には,それが探究的な学習の過程に位置付くことが必要である.また「自分たちの暮らしとプログラミングとの関係」を考えることが大切にされている.「情報化の進展とそれに伴う日常生活や消費行動の変化」を探究課題とし,「多様な情報手段の機能と特徴」「情報環境の変化と自分たちの生活とのかかわり」「目的に応じた主体的な情報の選択と発信」などを学習事項としている（文部科学省,2011a:72）.

中学校における「職業や自己の将来に関する学習」は,「自己を理解し,将来の生き方を考えるなどの学習活動が行われるようにすること」とある.それは,「成長とともに大人に近づいていることを実感すること,自らの将来を展望すること,実社会に出て働くことの意味を考えること,どのような職業があるのかを知り,どのような職業に就きたいのか,そのためにはどうすればよいのかを考えることなどである.」とされている（文部科学省,2018b:60）.「義務教育の最終段階にあたる」中学校に適した探究課題である.

総合的な学習の時間では,上記の課題を身近な地域社会から探究していくことが多い.その際,社会教育施設や社会教育団体との連携や地域の教材や環境（ヒト・モノ・コト）を活用した指導計画を作成していくことが大切である.民間企業（地域の産業や放送局や新聞社）との連携も積極的に行っていきたい.総合的な学習の時間は,社会に開かれた教育課程を実現する上で鍵となる.なお,「探究課題とは,指導計画の作成段階において各学校が内容として定めるものであって,学習活動の中で児童が自ら設定する課題のことではない」ことに留意したい.

第3節

総合的な学習の時間と教科教育

　教科教育と総合的な学習の時間は，教科と領域であり，教育課程上の役割や思想が異なる．しかし，対立するものではない．両者は「相互補完的，相互促進的」(奈須，1999:68)なものである．奈須正裕は，「先に教科というものがあり，そこから教育内容の全体像が生まれてくると考える限り，総合学習の本質的理解に到達することが困難」と指摘する．子供たちに「学んでほしい，経験してほしいと願うことが教育内容としてまずあるのであり，それをどのように組織するかの実現形態の一つとして，今の教科があると考えてはどうか」と述べている(奈須，1999：19)．このことが，教科教育と総合的な学習の時間を考える際に大切である．総合的な学習の時間の指導計画を問い直すことは，既存の教科や学校教育のあり方を見つめ直すことに繋がる．

　子供にとって意味のある教育活動を展開していくために，指導計画の作成を行っていく必要がある．

　総合的な学習の時間は，子供の自己実現を中心としており，幼児期の教育や生活科と連続性を持っている．子供たちの資質・能力の形成を長期的なスパンで見通しながら，指導計画の作成を行っていきたい．その際に，幼稚園教育要領の「幼児期の終わりまでに育って欲しい姿」(10の姿)も参考になるだろう．ここには，生涯にわたって人に求められる資質・能力が示されている．そして，他教科や特別活動等との相違を意識しつつも，関連付けを図っていくことが求められる．

　子供たちに寄り添って，指導計画を作成していきたい．

参考文献
加藤幸次『カリキュラム・マネジメントの考え方・進め方』黎明書房，2017年．
小林宏己「総合的な学習におけるカリキュラムの編み直し－「０次案」から「n次案」の構築－」日本生活科・総合的学習教育学会『せいかつか＆そうごう』第10号，2003年，pp.12-19.
田中耕治「学校に基礎をおくカリキュラム開発をどう進めるか」天野正輝編著『総

合的学習のカリキュラム創造』ミネルヴァ書房，1999年，pp.23-29.
奈須正裕『総合学習を指導できる"教師の力量"』明治図書，1999年.
無藤隆『学校のリ・デザイン』東洋館出版社，2001年.
文部科学省『小学校学習指導要領（平成29年告示）解説　総合的な学習の時間編』
　東洋館出版社，2018年a.
文部科学省『中学校学習指導要領（平成29年告示）解説　総合的な学習の時間編』
　東山書房，2018年b.
文部科学省『今，求められる力を高める総合的な学習の時間の展開（小学校編）』
　教育出版，2011年a.
文部科学省『今，求められる力を高める総合的な学習の時間の展開（中学校編）』
　教育出版，2011年b.

第4章

「総合的な探究の時間」（高等学校）の構成
−高等学校の教育課程における考え方や位置付け等，学習指導要領を基礎として−

第1節

学習指導要領に登場した「総合的な探究の時間」
−何を目指しているのか−

1. 高等学校学習指導要領改訂の歩み

　平成11(1999)年の学習指導要領改訂により，高等学校の「総合的な学習の時間」が創設された．平成15(2003)年の一部改正により，教科・科目や，特別活動で学習した知識や技能等を関連付け，総合的に働くようにすること，各学校が，「総合的な学習の時間」の目標及び内容を定め，全体計画を作成する必要があること，生徒の学習状況に応じて教師が適切な指導を行い，学校内外の教育資源を積極的に活用する必要があることなどが明確にされた．

　平成21(2009)年の改訂では，それまでの総則から取り出され，第4章に位置付けられて，各学校における指導の充実が求められることになった．例えば，探究的な学習として充実することが目標にも明示された．また学校間の取組状況に違いがあることから，この時間に育てようとする資質や能力等の視点が示された．

　さらに，学校段階間の取組が重複するのを改善するために，各学校段階での学習活動例が見直された．他に，体験活動を探究活動の過程に適切に位置づけることとなった．これとともに言語活動を充実させるよう，教え合い学び合う活動，地域の人との意見交換など，他者と協同的に課題解決しようとする学習

活動，言語により整理し分析して，まとめたり表現したりして自らの考えを深める活動も重視することが示された．

そして今回，平成30（2018）年には，「育成を目指す資質・能力の明確化」，「『主体的・対話的で深い学び』の実現に向けた授業改善の推進」，「各学校におけるカリキュラム・マネジメントの推進」等の学習指導要領全体の「改訂の基本方針」を踏まえて，名称を「総合的な探究の時間」に変更する等の改訂が行われた．（文部科学省「高等学校学習指導要領解説　総合的な探究の時間編」，平成30年7月，pp.2-7，本章において以下「同解説」と記す．）

ではなぜ名称が変更されたのか，何をどのように改善していくことが求められているか，具体的にどうつくればよいか，さらに残されている課題は何かについて順に考えていこう．

2. なぜ名称が変更されたのか

「総合的な探究の時間」に変更されたのは，より探究的な活動を重視し，高等学校教育課程での「位置付けを明確化し直す」ためである．（「同解説」，p.8）．

(1) 質の高い探究が求められている

「同解説」（pp.8-9）によれば，より探究的な活動，洗練された質の高い探究に求められているのは，それが「高度化し，自律的に行われること」である．

問題解決的な学習を発展的に繰り返す探究を「高度化」するとは，その過程を，例えば次のようにすることである．

---
① 目的と解決の方法に矛盾がない（**整合性**）　② 適切に資質・能力を活用する（**効果性**）
③ 焦点化し深く掘り下げる（**鋭角性**）　　　　④ 幅広い可能性を視野に入れる（**広角性**）

探究を「自律的」に行うとは，例えば次のようにすることである．

---
① 課題を自分に関わりの深いものにする（**自己課題**）　② 探究の過程を見通しつつ，自分の力で進める（**運用**）　③ 得た知見を生かし社会参画しようとする（**社会参画**）

このように，過程を「高度化」し，「自律的」に探究，「自律化」することを通して，高校生が自己の在り方生き方と一体的で不可分な課題を，自ら発見し解決していくことが期待されている．(「同解説」, p.8)

こうした学びは，中学校の新「総合的な学習の時間」の目標が示す，課題を解決することにより自己の

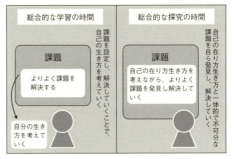

図4-1　課題と生徒との関係（イメージ）
（「同解説」, p.9 より）

生き方を考えていく学びと比べると，共通性だけでなく，明らかに異なる特質を持っており，連続性と発展性を有しているともいえる．

(2) 教育課程にいっそう明確に位置付けることが求められている

この「総合的な探究の時間」で求められる探究について，さらに明らかにするために，同じ高等学校の教育課程に新設された科目「古典探究」や「地理探究」，「日本史探究」，「世界史探究」，「理数探究基礎」，「理数探究」において行われる探究との違いを整理しておく．「同解説」(p.10)によれば，「総合的な探究の時間」における探究は，上記の科目における探究と異なる点が三つある．

> ① 「総合的な探究の時間」の探究で対象とするのは，実社会や実生活の複雑な文脈の中にある事象であり，特定の教科・科目等に留まらない，横断的・総合的である．
> ② 「総合的な探究の時間」の探究では，対象を，いろいろな角度から俯瞰して捉え，考える．すなわち複数の教科・科目等での見方・考え方を，総合的・統合的に働かせる．
> ③ 「総合的な探究の時間」の探究では，解決の道筋がすぐには明らかにならない課題や，唯一の正解がないような課題について，最適解や納得解を見いだすことを重視する．

「総合的な探究の時間」の探究と，教科の系統の中で行う各科目の探究とが相互に機能するよう，それぞれ教育課程によく位置付ける工夫が求められている．

(3) 名称を変更した背景

名称を変更して，特色を明らかにしようとする背景には次の三つがあるとする．

(「同解説」, p.10)

> ① 高等学校段階の生徒は，人間としての在り方を希求し，社会の一員としての生き方に具現しようとするから．
> ② 小中学校の「総合的な学習の時間」での学びが，「総合的な探究の時間」での特質ある学びを可能にしているから．
> ③「総合的な探究の時間」の特色ある学びは，今日の社会で期待されているから．

　社会への出口に近く，初等中等教育の総仕上げの段階となる高等学校には，「総合的な探究の時間」の学習を通すことで，生徒が自己の在り方生き方，キャリア形成と結びつけ，自分なりの課題を発見し解決していく資質・能力を育てることが求められている．

3.「総合的な探究の時間」の意義と目標

　高校生にとって，現実の社会で自分はどう生きていこうかという課題は，いよいよ切実になる．進学や就職という人生の大きな岐路に立っているため，生きる意味について考え悩みやすい．こうした生徒に対して，実社会と，その中で生きていく自分について考えを深めさせることが必要となる．

　急激に変化し続ける今後の社会にいったいどう関われればよいのか，どう関わるべきかは深刻な課題である．また選挙権年齢が18歳に引き下げられ，政治がより切実なものになった．高校生には，よりよい未来社会を探究し，創っていくことが期待されているともいえる．

　高等学校の教育課程の中でも，特に「総合的な探究の時間」は，社会や自然とつながる経験を計画的・組織的に提供でき，生徒が切実だと捉える諸課題の探究に打ち込ませることができる．これからの高校生にとって極めて重要な意義を持つ．こうした意義を持つこの授業の目標は，前半と後半とに分けられる．

> 　探究の見方・考え方を働かせ，横断的・総合的な学習を行うことを通して，自己の在り方生き方を考えながら，よりよく課題を発見し解決していくための資質・能力を次のとおり育成することを目指す．
> (1) 探究の過程において，課題の発見と解決に必要な知識及び技能を身に付け，課題に

関わる概念を形成し，探究の意義や価値を理解するようにする．
(2) 実社会や実生活と自己との関わりから問いを見いだし，自分で課題を立て，情報を集め，整理・分析して，まとめ・表現することができるようにする．
(3) 探究に主体的・協働的に取り組むとともに，互いのよさを生かしながら，新たな価値を創造し，よりよい社会を実現しようとする態度を養う．

（「同解説」，p.11 より．下線は筆者）

　前半部は，学習の過程，質の高い探究のプロセスについて示している．（学習の在り方については，本章の第2節で改めて整理する．）

　後半部（目標の(1)～(3)）は，この学習過程により育成を目指す，資質・能力が示されている．他の教科等と同様に，(1)「知識及び技能」，(2)「思考力，判断力，表現力等」，(3)「学びに向かう力，人間性等」の三つの柱からなる．

　育成が目指されているこれらの資質・能力についてさらに整理しておく．

　(1)では，「探究の意義や価値を理解する」ことを重視している．生徒が観念的にでなく，探究することが，広く学習や生活と関わっており，自分たちの学びの営みの本質であること，また他教科等で身に付けた資質・能力を総合的に活用することであることを，実感を伴いながら理解できるよう求めている．

　(2)では，「自分で課題を立て」ることが重視されている．実社会で生じている問題から，自分の取り組みたい，あるいは取り組むべき課題をつくり出すことが，生徒の解決への意欲を高め，見通しを持ち，主体的に解決し，さらには，一層，価値のある問題，課題に気づくことにつながるからである．

　(3)では，「新たな価値を創造し，よりよい社会を実現しようとする」ことが求められている．生徒は探究を通して，自己の在り方生き方，ないしは自分なりの価値観をつくり上げていく．さらには，地域など関わりのある社会を実際に変えてみようとする．それらの経験が，よりよい未来を創る意欲につながるからである．

4. なぜ「各学校において定める目標」が求められるのか

　この目標をよく踏まえ，自校の「総合的な探究の時間」の目標を定めること，この授業を通して育成を目指す資質・能力を「三つの柱」に即して具体的に示

すことが明確に求められている．これは学校が主体的，創造的に自校の指導計画を作成し，授業を展開するためである．すなわち，①「学校が創意工夫を生かした探究や横断的・総合的な学習を実施する」ため．②自校の「教育目標を踏まえ，育成を目指す資質・能力を明確に示す」ため．③自校の「教育課程全体の中での『総合的な探究の時間』の位置付け」等に留意して，よく機能させるため，である．（「同解説」，p.22）

目標に明示されている「総合的な探究の時間」の特質を踏まえ，自校の独自性，持ち味を生かして，この授業で生徒に育てたい資質・能力を定めることは，自校のミッションを表明し，全教職員で実現していくことと深く関わる．

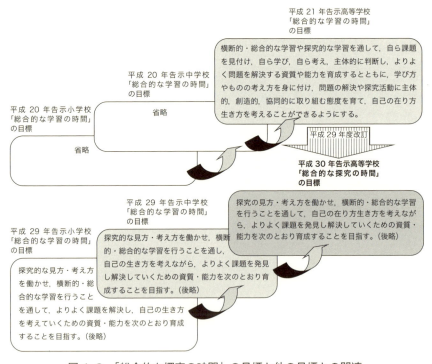

図4-2 「総合的な探究の時間」の目標と他の目標との関連

第2節
高等学校における「総合的な探究の時間」の考え方
－どういう授業が求められているのか－

1. 求められている学習とは

どういう授業が求められているのか,「同解説」(pp.12-15)を基に, 生徒の学習面から考えてみよう.

(1)「探究の見方・考え方」を働かせる学習

本書の第6章でも詳述されているとおり, 探究するとは, 問題解決的な学習を発展的に繰り返していくことである. すなわち課題の設定→情報の収集→整理・分析→まとめ・表現というプロセスを発展的に繰り返し, 物事の本質を自己と関わらせながら探り, 見極めていく. この中で, 小中学生は「探究的な見方・考え方」を働かせて学習するが,「総合的な探究の時間」では高校生が,「探究の見方・考え方」を働かせて学習していくことが求められている. では, 高校生の学習には特に何が必要となるのだろうか.

一つ目は, 取り組む課題とその解決の方向に応じて, 高等学校の各教科・科目等の「見方・考え方」を, 生徒がよく自覚して組み合わせ, 繰り返し活用してみることが求められている. 生徒が社会生活で出会う問題は, どう捉えればよいのか, 何が課題でどう考えればよいか決まっているわけではないからである.

二つ目は, 広く複雑なはずの社会生活上の問題や課題を, 多様な角度から見たり俯瞰したりすること, 複雑な文脈や自己の在り方生き方(すなわち自分の世界観や人生観等)と関連させつつ問い続けることが求められている.

これらは「総合的な探究の時間」特有の視点と考え方, すなわち「探究の見方・考え方」といえる.

こうして高校生は, 探究する課題を多様な角度から捉えたり, 全体的に捉えたりしてみる. そして教科等で学ぶ「見方・考え方」を組み合わせて考え

たり，自らの価値観にもとづいて考えてみたりして解決していく．さらに新たな問題を見つけ吟味し，自分にとって意味のある課題をつくるような学習が求められる．

(2)「横断的・総合的な学習」
　生徒に探究させる対象は，教科・科目等にとどまらず，これらをまたいでいるような横断的なものであり，全体的に捉えてみる必要があるものとなる．このような対象ないしは問題(後述する，各学校が設定する「探究課題」)と，そこから自分たちがつくる課題に向かい，生徒が各教科等で学んだ「見方・考え方」等を繰り返し活用しながら解決していくためである．

(3)「自己の在り方生き方を考えながら，よりよく課題を発見し解決していく」学習
　自己の在り方生き方(自分の世界観や人生観等)と一体となっていて，分けようのない課題(価値関係的な課題)を，生徒が見つけ出し，解決していく学習が求められている．すなわち，自らの生活と深く関わり，また自分たちの社会にとっても切実な課題を吟味しながらつくる学習や，それは自分にとってどういう意味があるか，何をどうすべきか，実際にどうすればよいか等を考え，判断しまとめたことを表現していく学習である．

2. 学習内容（教材）と学習過程（探究の過程）とは

　生徒にこれらの学習をさせるには，単元や1単位の授業をどう展開していけばよいのだろうか．「同解説」(pp.8-14, 21-36)を基に，学習内容と学習過程とに分けて考えよう．なお各高等学校では，自校の目標を定め，このための「探究課題」と，その解決を通し育成を目指す具体的な資質・能力とを「内容」として定めることになる．

　以下では，授業を構成する学習内容として，この「探究課題」について考えることとする．

(1) 学習内容（教材）－「探究課題」－

　生徒に学習させたい内容である「探究課題」は，各学校が目標とする資質・能力の育成を目指してつくる．自校の生徒に，どのような課題を探究させれば，どのような具体的な資質・能力を育成できるかを創意工夫することが求められる．なお「探究課題」とは，生徒が探究し関わりを深めていく対象，「人，もの，こと」のことであり，従来は「学習対象」といわれてきたものであり，教材となるものである．教師はよく吟味した「探究課題」を生徒に示し，これにより自分たちにとってだけでなく社会にとっても切実な課題を発見できるように指導する．

(2) 学習過程（探究の過程）－「高度化」し「自律的」な探究へ－

　学習過程は，探究の過程にする必要がある．問題解決的な学習が発展的に繰り越されていく．例えば，次のようなイメージが考えられる．

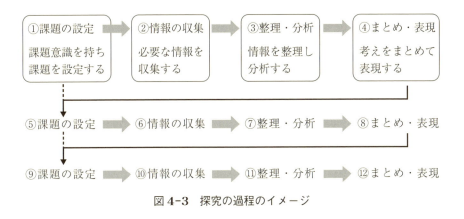

図4-3　探究の過程のイメージ

　生徒による探究のプロセスが，いつもこのイメージ通りに繰り返される必要はないが，第1節で示した通り，中学校段階よりも「高度化」し，「自律的」に行われる必要がある．なぜなら，「探究の見方・考え方」を働かせ，自分の在り方生き方と不可分な課題を発見し，解決していくためである．

　生徒による探究が高度化できているかどうかは，次の視点から捉えられる．

> ① 探究する目的と，そのための解決方法とは矛盾していないか（整合しているか）．
> ② 探究のために，資質・能力を活用できているか（効果的か）．
> ③ 焦点を絞ることができていて，掘り下げることもできているか（鋭角的か）．
> ④ 多様な可能性を考えながら探究できているか（広角的か）．

また，探究が自律的に行えているかどうかは，次の視点で捉えられる．

> ① 自分に関わりの深い課題を設定できているか（自己課題性があるか）．
> ② 探究の過程を見通しながら，進められているか（運用できているか）．
> ③ 学習を活かし社会に参画しようとしているか（社会参画性があるか）．

生徒が探究を高度化し自律的に行うには，自校が設定した目標により，教育課程の全体を活かして，教師たちが「探究課題」を創る必要がある．生徒たちが，その「探究課題」にしたがい，自分なりの切実な課題をつくるためである．また各学年の「探究課題」が連続し発展していること，中学校とも接続していることにも考慮したい．

第3節

カリキュラムにおける「総合的な探究の時間」の位置付け
－どのように教育課程や指導計画に組み込むことが求められているのか－

1. 教育課程への位置付け方

「総合的な探究の時間」は全ての生徒に履修させるものである．すなわち，高等学校の教育課程には必ず置かねばならない．卒業までに履修する単位数は3～6単位を標準としており幅がある．これは各学校の創意工夫，特色ある教育の実現を意図している．また各教科等の授業のように，年間35週行うことを標準としていない．そこで，各学年で実施する他に，特定の年次で実施できる．特定の学期，期間に行うことも可能である．

それぞれの高等学校には，各学年で何単位，どのように教育課程へ位置付けるか，それはなぜか等，教職員間で吟味し共通理解するとともに，指導計画に具体化し，説明責任を果たせるようにすることが求められている．

第3節　カリキュラムにおける「総合的な探究の時間」の位置付け　49

　このとき,「総合的な探究の時間」では,生徒や学校,地域の実態に応じた「探究課題」を設定できることを生かし,学校の教育目標の実現や,学校の教育活動全体を通じて行う道徳教育の充実につなげる工夫も求められる.
　今改訂による「総合的な探究の時間」は,激しく変化し続ける社会で生きるための資質・能力を育成することから,高等学校の教育課程の中で重要な役割を期待されている.後述するように,これを自校の「教育課程の中核」に位置付け,効果を大きくしていくためのカリキュラム・マネジメントが求められている.(「同解説」,p.78)

2. 指導計画作成のポイント

　教育課程の中に位置付けた「総合的な探究の時間」を具体化して,実効が上がるようにするには,全体計画や年間指導計画等の指導計画(教育課程を具体化した計画,部分計画)を工夫することが必要となる.
　指導計画は次の6要素を持つ.①この授業で自校が実現を目指す「目標」,②自校で定めた「内容」(「探究課題」と「探究課題」を通して育成を目指す具体的な資質・能力),③「学習活動」(「単元」とそれを配列した「年間指導計画」),④学習活動を実施するための「指導方法」,⑤「学習の評価」(学習状況の評価,学習指導の評価,指導計画についての評価),⑥「指導体制」である.(「同解説」,p.81)
　例えば全体計画等の指導計画で示す「目標」と「内容」と「学習活動」は,図4-4のように,緊密に関連している必要がある.
　また自校の特色や持ち味や地域の自然・社会・人的環境を生かし,生徒の経験や学ぶ姿に応じていることも重要となる.

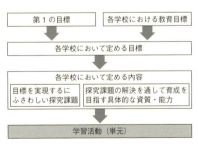

図4-4　目標と内容と学習活動の関係
(「同解説」,p.83より)

第4節

「総合的な探究の時間」を生かす自校のカリキュラムをどうつくるか
－カリキュラム・マネジメントを通して－

1. 教科等横断的なカリキュラム・マネジメントとは

　急激に変化し続ける未来を生き，社会を創り，その中で豊かに生きていく力を高校生に育てるには，各高等学校が，「総合的な探究の時間」を中心的に位置付けるカリキュラムをつくり上げることが重要となる．このためには，自校で設定したこの授業の目標及び内容（「探究課題」等）や方法（学習過程や，「学習活動」及び「指導方法」）と，教育目標，各教科・科目等との関わりをよく注意しながら，教科等横断的なカリキュラム・マネジメントを行うことが必要となる．なお，カリキュラム・マネジメントには3側面あるとされる．（「同解説」, p.142）

> ① 生徒や学校，地域の実態を適切に把握し，教育の目的や目標の実現に必要な教育の内容等を教科・科目等横断的な視点で組み立てていくこと．
> ② 教育課程実施状況を，評価してその改善を図っていくこと．
> ③ 教育課程の実施に必要な人的又は物的な体制を確保するとともにその改善を図っていくこと．

　学年担当教員と教科担当教員が要となり，教職員がこの授業の目標と内容を目指す指導計画を組み立て，実施してみて，評価し改善していくのである．
　こうして，学校全体で教科等と効果的に関連する，よく機能するようにつくり上げた「総合的な探究の時間」のカリキュラムは，その高等学校の教育目標やミッションをよく体現しているものになると考えられる．

2. 島根県立三刀屋高等学校の「探究学習カリキュラム」づくり

　三刀屋高校（全日制）は平成16年から総合学科をスタートしている．普通教育をベースにして多様な教科・科目を生徒が主体的に選択でき，興味・関心,

第4節 「総合的な探究の時間」を生かす自校のカリキュラムをどうつくるか　51

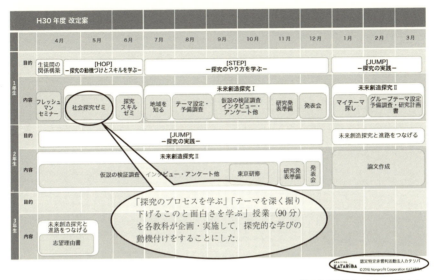

図4-5　平成30年度「総学」と「産社」を中心とした「探究学習カリキュラム」

進路希望等に応じた学習のできる教育課程が編成されている．また総合学科であることから初年次に履修する科目「産業社会と人間」において，①職業と生活，②我が国の産業と社会の変化，③進路と自己実現について学び，産業社会での自己の在り方生き方や職業選択について考えられるようになっている．

そこで三刀屋高等学校では，この「産業社会と人間」（1年次に2単位，以下「産社」）と，現行「総合的な学習の時間」（各学年に1単位，以下「総学」）とを関連付けた「探究学習カリキュラム」を，自校の「教育目標スローガン」である「ふるさとを愛し，高い志をもって社会に貢献する人材の育成」と深く結びつくキャリア教育の柱として意図的計画的に実施している．

同校のHPにも詳しいが，平成29年度には，「教育課程における探究的な学び」（講演），「三高生につけたい力」（教職員のグループ協議），研究授業による授業研究(2回)，「三高生につけたい力を各教科でどのように育むか」(2回，グループ協議)の校内研修会等を主体的・連続的・発展的に行い，授業・家庭学習・課題研究を結合する「三高トライアングル学習」を目指して全教員がカリキュラムづくりを行った．特に，自校の「強み」は，「総学」と「産社」で行って

きた「課題研究」（課題設定，調査，思考・判断，発表等）であり，「弱み」は，この探究的な学習と教科の学習のつながりが弱いことであると捉え，従来の「課題研究」が，より学習意欲が高まるものとなるよう，また教科との関連がいっそう図れるものとなるよう，指導計画がつくり直された．

図4-5は，その平成30年度のデザインである．

具体的には，図中の「社会探究ゼミ」（4月～5月実施）を設定した．ここでは教師が，担当する教科の特質を生かして，その教科の学びと生徒たちの生活・社会とがいかに結びついているか気付かせることにより，探究の意義やプロセスについて理解させて，以降の探究学習を進めていくように工夫した．「ゼミ」実施後のふり返りでは早速，具体的な改善の方向を明らかにし，「ゼミ」以外で，各教科が探究学習に関わる場面を明確にしていくことにもなった．

こうした指導計画の工夫・評価・改善，地域の協働を得る授業の具体化等には，雲南市教育委員会から「三刀屋高校魅力化コーディネーター」として派遣されているNPO（「認定NPO法人カタリバ」）のスタッフが，同校の進路指導部キャリア教育推進室に位置付いて協働できていることも大きな力になっている（図4-5右下を参照）．

こうして同校では，カリキュラム・マネジメントの3側面，特に教科横断的な側面からのカリキュラムづくりが進んでいる．

3.「総合的な探究の時間」を生かす自校のカリキュラムづくりの課題

これまで見てきたとおり，自校の特性を生かすカリキュラムづくりには，校内の全教職員の共通認識と目標設定，教科横断的な吟味，地域，専門家の参画をいかに工夫するかが肝要となる．

また，生徒がかつて通学していた等，自校と深く関わる小学校や中学校，特別支援学校と連携してカリキュラムをつくる工夫も重要になると考えられる．

確かに，生徒は複数の中学校等から入学してくるため，それまでの学習と連続したカリキュラムづくりは容易ではないだろう．それでも3年間の学びの開始には，どのような探究課題を与えられるか，どのような学習活動が可能か等

について明らかにしてみて，指導計画に具体化していくことが，より主体性を求める探究の学びを実現するために重要と考えられる．

また，自校の探究のカリキュラムを公開してみて，それを選んで入学してくる生徒に期待するだけでなく，その生徒たちへのアンケートや，中学校等との情報交換から，よりよいカリキュラムが明らかにできるのではないか．

さらに，自校での3年間の探究を，生徒がどう自己評価しているか，地域社会にどれだけ活かされているか，連携した方々からどのように評価されているか，大学等での学びとどこまで関連付けることができているか等の視点から評価を試みて，練り上げていくことも大切になると考えられる．

引用文献
(1) 文部科学省「高等学校学習指導要領解説　総合的な探究の時間編」，文部科学省HP（http://www.mext.go.jp/，2018年10月30日確認済）．

主な参考文献
(1) 朝倉淳・池本よ志子編『問題解決の基礎的能力を育成する新時代の総合的な学習－学校・企業・大学のコラボレーション－』渓水社，2010年．
(2) 片上宗二・木原俊行編著『新しい学びをひらく総合学習』ミネルヴァ書房，2001年．
(3) 文部科学省『今，求められる力を高める総合的な学習の時間の展開（高等学校編）』教育出版，2013年．

第5章

「総合的な学習の時間」の全体計画と年間指導計画

第1節
総合的な学習の時間における指導計画

　これからの社会で活用することのできる資質・能力の育成に向け「主体的・対話的で深い学び」の実現を図る授業を構想する上でも，その1単位時間の授業はその単元構成のどこに位置付いているかが前提となる．さらに，その単元がその学年の1年間の中でどのような位置付けとなっているかということも重要である．その位置付けとは，その教科の1年間の指導計画における配列とともに，同じ学年の他教科等の指導計画との関連も必要である．さらには，その学年の1年間の指導計画は，学校の教育目標の実現に向けて児童・生徒の入学前から卒業後までを見通して計画される必要がある．

　本章では総合的な学習の時間の指導計画において，全体計画と年間指導計画の基本的な考え方と具体的な作成方法について述べる．

1. 総合的な学習の時間における「全体計画」「年間指導計画」

　2017（平成29）年改訂学習指導要領の総合的な学習の時間においては，小学校・中学校ともに第3の1の(2)において指導計画のうち，学校として全体計画と年間指導計画の二つを作成する必要があることが示されている．

　全体計画とは，指導計画の中で，その学校として総合的な学習の時間の教育活動の基本的な在り方を示した計画である．各学校において定める「目標」，「目標を実現するにふさわしい探究課題」及び「探究課題の解決を通して育成を目

指す具体的な資質・能力」からなる「内容」を明記するとともに，学習活動，指導方法，学習の評価，指導体制についての基本的な内容や方針を概括的・構造的に示すものである．

　年間指導計画とは，全体計画の実現のためにどのような学習活動をどのような時期にどのような時数で実施するのかを示す計画である．各学年の4月から翌年3月までの1年間において総合的な学習の時間の各単元を位置付けて示すとともに，学校の全教育活動との関連において，例えば他教科等の学習活動も記入し，総合的な学習の時間との関連を示すことも考えられる．全体計画を各学年の単元として具体化したものが年間指導計画であり，年間指導計画やその中に個別に示されている単元等の根拠になるものが全体計画であるといえる．

　つまり，各学校においては，全体計画と年間指導計画のそれぞれを立案するとともに，この二つの計画を対応させ，関連付けていくことが大切である．

　総合的な学習の時間の指導計画を作成する上で，その基本的な在り方を明らかにしておく必要がある．ここでは，総合的な学習の時間が創設された1998（平成10）年から現在に至るまでの学習指導要領において，学校が編成する教育課程及び総合的な学習の時間の指導計画がどのように位置付けられてきたかをたどることによって，その基本的な在り方を明らかにしていく．

2. 総合的な学習の時間の創設期から2017（平成29）年改訂学習指導要領までの指導計画の位置付け

(1) 1998（平成10）年改訂学習指導要領における指導計画の位置付け

　総合的な学習の時間が創設された1998（平成10）年改訂学習指導要領においては，学校が編成する教育課程は次のように定義されている．「学校において編成する教育課程は，教育課程に関する法令に従い，各教科，道徳，特別活動，及び総合的な学習の時間についてそれらの目標やねらいを実現するよう教育の内容を学年に応じ，授業時数との関連において総合的に組織した各学校の教育計画である」（文部省『小学校学習指導要領解説　総則編』東京書籍　1999年　p.13.）とされている．

第5章 「総合的な学習の時間」の全体計画と年間指導計画

　総合的な学習の時間については，1998（平成10）年改訂学習指導要領　第1章「総則」の「総合的な学習の時間の取扱い」において初めて示された．小学校学習指導要領においては第1章第3「総合的な学習の時間の取扱い」に，1総合的な学習の時間の趣旨，2総合的な学習の時間のねらい，3学習活動，4各学校における名称，5学習活動実施上の配慮事項が示されている．

　2の総合的な学習の時間のねらいにおいては次の2点が示されている．
（1998（平成10）年改訂小学校学習指導要領　総則第3の2）

> 2　総合的な学習の時間においては次のようなねらいをもって指導を行うものとする．
> 　(1) 自ら課題を見付け，自ら学び，自ら考え，主体的に判断し，よりよく問題を解決する資質や能力を育てること
> 　(2) 学び方やものの考え方を身に付けること，問題の解決や探究活動に主体的，創造的に取り組む態度を育成すること，自己の生き方を考えることができるようにすること

　中学校学習指導要領，高等学校学習指導要領においても同様である．
　3の学習活動においては「各学校においては2のねらいを踏まえ」とされ，例示した課題などについて「学校の実態に応じた学習活動を行うものとする」と記述されている．4以降にも各学校がその目標及び内容を定めることや全体計画等と作成することについては示されていない．

(2) 2003（平成15）年学習指導要領の一部改正における指導計画の位置付け

　総合的な学習の時間において，各学校がその目標及び内容を定める必要があること，全体計画を作成することが明確に位置付けられたのは2003（平成15）年の学習指導要領の一部改正からである．
　総合的な学習の時間の創設期においては，すでに当時の文部省指定の研究開発学校等が先行実践を行い，単元配列表やその実践の成果と課題等を発表し，実践事例集等も示された．全国の学校では，それらを参考にしながら，2002（平成14）年の実施に向けて，移行期間中の2000（平成12）年度から学校独自の単元開発，授業実践の取り組みを開始した．しかし，総合的な学習の時間の実践の中で，学校の全教育課程における位置付けや年間を見通した単元計画にまでは至っていない事例も見られた．その状況を踏まえて改正されたものである．

第1節　総合的な学習の時間における指導計画

2003（平成15）年における小学校・中学校・高等学校の学習指導要領　総則の「総合的な学習に時間の取扱い」における主な改正点を次に示す．

ア　総合的な学習の時間のねらいとして，各教科，道徳及び特別活動で身に付けた知識や技能等を相互に関連付け，学習や生活において生かし，それらが総合的に働くようにすることを加えて規定したこと．

イ　各学校において総合的な学習の時間の目標及び内容を定める必要があることを規定したこと

ウ　各学校において総合的な学習の時間の全体計画を作成する必要があることを規定したこと

エ　総合的な学習の時間の目標及び内容に基づき，児童生徒の学習状況に応じて教師が適切な指導を行う必要があることを規定したこと．また，学校図書館の活用，他の学校との連携，各種社会教育施設や社会教育関係団体等との連携，地域の教材や学習環境の積極的な活用などについて工夫する必要があることを明確にしたこと

以上の4点は次のように具体的に示された．

1998（平成10）年版の学習指導要領においては，第3の2　総合的な学習の時間のねらいとして2点が示されていたが，2003（平成15）年一部改正では次の項目が追加されている．（2003（平成15）年一部改正　小学校学習指導要領総則第3の2）

> (3) 各教科，道徳及び特別活動で身に付けた知識や技能を相互に関連付け，学習や生活において生かし，それらが総合的に働くようにすること。

中学校学習指導要領，高等学校学習指導要領においても同様である．

また，1998（平成10）年版の小学校学習指導要領において第3の3の学習活動では「3　各学校においては2に示すねらいを踏まえ」とされていたが，2003（平成15）年一部改正では「3　各学校においては，1及び2に示す趣旨及びねらいを踏まえ，総合的な学習の時間の目標及び内容を定め」として目標及び内容を定める必要を規定している．

全体計画に関して2003(平成15)年一部改正で新たに付け加えられたのは次の項目である．

(2003(平成15)年一部改正　小学校学習指導要領　総則第3の4)

> 3　各学校においては，学校における全教育活動との関連の下に，目標及び内容，育てようとする資質や能力及び態度，学習活動，指導方法や指導体制，学習の評価の計画などを示す総合的な学習の時間の全体計画を作成するものとする。

この内容についても，中学校学習指導要領，高等学校学習指導要領においても同様である．この2003(平成15)年一部改正後から，総合的な学習の時間においては，各学校が目標や内容を定め，指導計画の作成が明確化したといえる．

このように総合的な学習の時間においては，それまでの目標や内容が示されてきた教科等とは異なり，各校で目標，内容を定め，その実現を図っていくという特性から，学校現場においても指導計画をどのように捉え，作成していくかについて創設期から課題となっていたことがわかる．

(3) 2008（平成20）年改訂学習指導要領における指導計画の位置付け

2008(平成20)年改訂小学校学習指導要領「総合的な学習の時間」においては「全体計画及び年間指導計画の作成にあたっては，学校における全教育活動との関連の下に，目標及び内容，学習活動，指導方法や指導体制，学習の評価計画などを示すこと」(第3の1の(2))と示され，全体計画及び年間指導計画の作成が規定されている．

なお，学校が編成する教育課程についての定義は，先に示した1998(平成10)年改訂『小学校学習指導要領解説　総則編』と，2003(平成15)年一部改正，2008(平成20)年改訂『小学校学習指導要領解説　総則編』の記述はほぼ同文である．

(4) 2017（平成29）年改訂学習指導要領における指導計画の位置付け

2017(平成29)年の学習指導要領の改訂では，よりよい学校教育を通じてよりよい社会を創るという目標を学校と社会が共有し，連携・協働しながら，新しい時代に求められる資質・能力を子ども達に育む「社会に開かれた教育課程」

の実現を目指している．学校で編成する教育課程についての記述も「教育課程に関する法令に従い，学校教育全体や各教科等の目標やねらいを明確にし，それらを実現するために必要な教育の内容を教科等横断的な視点をもちつつ，学年相互の関連を図りながら，授業時数との関連において総合的に組織していくこと」として，目標やねらいの明確化，教科等横断的な視点，学年相互の関連等が加えられるとともに，「教育課程の編成はカリキュラム・マネジメントの一環として行われるもの」（文部科学省『小学校学習指導要領解説　総則編』東洋館出版社，2018, pp.11-12.) とされた．

このように各学校においては，教育課程を軸に学校教育の改善・充実の好循環を生み出す「カリキュラム・マネジメント」の実現が求められた．

2017（平成29）年改訂小学校学習指導要領第1章総則ではカリキュラム・マネジメントの定義とその充実について次のように示されている．

> 4　各学校においては，児童や学校，地域の実態を適切に把握し，教育の目的や目標の実現に必要な教育の内容を教科等横断的な視点で組み立てていくこと，教育課程の実施状況を評価してその改善を図っていくこと，教育課程の実施に必要な人的体制を確保するとともにその改善を図っていくこと（以下「カリキュラム・マネジメント」という。）に努めるものとする。

これは，中央教育審議会答申（「幼稚園，小学校，高等学校及び特別支援学校の学習指導要領等の改善及び必要な方策等について（答申）」（2016（平成28）年12月21日）の整理を踏まえて次の三つの側面から示したものである．

・児童や学校，地域の実態を適切に配慮し，教育の目的や目標の実現に必要な教育の内容等を教科等横断的な視点で組み立てていくこと
・教育課程の実施状況を評価してその改善を図っていくこと
・教育課程の実施に必要な人的または物的体制を確保するとともにその改善を図っていること

これらを通して教育課程に基づいて，組織的・計画的に各学校の教育活動の質の向上を図ることを定義している．

2017（平成29）年改訂小学校学習指導要領「総合的な学習の時間」においては「全体計画及び年間指導計画の作成にあたっては，学校における全教育活動

との関連の下に，目標及び内容，学習活動，指導方法や指導体制，学習の評価計画などを示すこと」(第3章第3の1の(2))，中学校学習指導要領では，同文に加えて「その際，小学校における総合的な学習の時間の取組を踏まえること」(第4章3の1の(2))が後段に加えて示されている．

　総合的な学習の時間の指導計画の作成において次の6点が要素として挙げられている．(文部科学省『小学校学習指導要領解説　総合的な学習の時間編』東洋館出版社, 2017, pp.66-67. 以下小学校解説)

　(1) この時間を通してその実現を目指す「目標」．
　(2) 「目標を実現するにふさわしい探究課題」及び「探究課題の解決を通して育成を目指す具体的な資質・能力」からなる「内容」．
　(3) 「内容」との関わりにおいて実際に児童が行う「学習活動」．これは，実際の指導計画においては，児童にとって意味のある課題の解決や探究的な学習活動のまとまりとしての「単元」，さらにそれらを配列し，組織した「年間指導計画」として示される．
　(4) 「学習活動」を適切に実施する際に必要とされる「指導方法」．
　(5) 「学習の評価」．これには，児童の学習状況の評価，教師の学習指導の評価，(1)〜(4)，(5)の適切さを吟味する指導計画の評価が含まれる．
　(6) (1)〜(5)の計画，実施を適切に推進するための「指導体制」．

　以上の6点については，中学校においても対象を「生徒」として同様に示されている．(文部科学省『中学校学習指導要領解説　総合的な学習の時間編』東洋館出版社, 2017, pp.62-63. 以下中学校解説)

　2008(平成20)年の改訂では，「各学校は第1の目標を踏まえて自分の学校の目標を作成する」とされていたが，2017(平成29)年改訂では「各学校は，まず第1の目標を踏まえるとともに，各学校における教育目標を踏まえ，学校の総合的な学習の時間の目標を設定する」(小学校解説, p.68.)とされ，総合的な学習の時間の目標の設定にあたっては，各学校における教育目標を踏まえることが示された．

　総合的な学習の時間の指導計画は，創設期以降の実践の中でその必要性が明らかとなり，学習指導要領の改訂に伴って，さらにその役割もその時間を超え

たものとなっている．各学校の教育目標を踏まえて，その目標が設定される総合的な学習の時間は，各教科等の横断的なカリキュラム・マネジメントの軸となることが期待されている．

第2節
全体計画の作成

総合的な学習の時間の指導計画の位置付けをたどることにより，この時間の指導計画において，今後さらに求められる役割を明らかにしてきた．

全体計画は，各学校の総合的な学習の時間の基本的な在り方を概括的・構造的に示すものである．各学校の教育目標を教育課程に反映し，その実現に向けて具体化していくためには，総合的な学習の時間の全体計画や年間指導計画は，各教科等を横断的な視点で捉え，地域や学校，児童の実態や特性を踏まえた計画にする必要がある．また，計画が日々の教育実践において活用され，その実施状況が評価・改善のできるものとするために，その様式等も工夫する必要がある．

ここでは全体計画の作成について具体

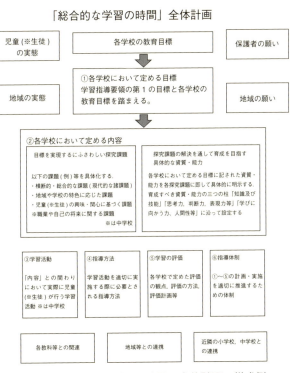

図5-1　総合的な学習の時間の全体計画　様式例

的に述べていく．

　前節で示した総合的な学習の時間の指導計画の作成の六つの要素（小学校解説，pp.66-67.）は全体計画と年間指導計画のいずれかで明示する必要がある．

　全体計画の作成にあたっては，文部科学省『小学校学習指導要領解説　総合的な学習の時間編』では全体計画に盛り込むべきものとして「①必須の要件として記すもの」「②基本的な内容や方針等を概括的に示すもの」「③その他，各学校が全体計画を示す上で必要と考えるもの」の三つに分けて示している．（小学校解説　p.89.）

① 必須の要件として記すもの：各学校における教育目標，各学校において定める目標，各学校において定める内容（目標を実現するにふさわしい探究課題，探究課題の解決を通して育成を目指す具体的な資質・能力）
② 基本的な内容や方針等を概括的に示すもの：学習活動，指導方法，指導体制（環境整備，外部との連携を含む），学習の評価
③ その他，各学校が全体計画を示す上で必要と考えるもの：年度の重点，地域の実態，学校の実態，児童の実態，保護者の願い，地域の願い，教職員の願い，各教科等との関連，地域との連携，中学校との連携，近隣の小学校との連携など

　さらに，学習活動，指導方法，指導体制，学習の評価等についてもその基本的な内容や方針を概括的・構造的に示すことも必要となってくる．また，各学校が全体計画を作成する上で必要と考える事項，例えば児童・生徒の実態，学校・家庭・地域等の実態などや各教科等のとの関連なども考えられる．

　図5-1は，それらを示した総合的な学習の時間の全体計画の様式の例である．

第3節

年間指導計画の作成

　総合的な学習の時間の年間指導計画は4月から翌年3月までの1年間の中に単元を位置付け，どのような学習活動をどの時期にどれだけの時数で実施するか等をわかりやすく示した指導計画である．

年間指導計画の作成にあたっては，2017（平成29）年改訂小学校学習指導要領「総合的な学習の時間」の第3の1の(1)において次のように示されたことを踏まえることが重要である．「年間や単元などの内容や時間のまとまりを見通して，その中で育む資質・能力の育成に向けて，児童の主体的・対話的で深い学びの実現を図るようにすること．その際，児童や学校，地域の実態等に応じて，児童が探究的な見方・考え方を働かせ，教科等の枠を超えた横断的・総合的な学習や児童の興味・関心等に基づく学習を行うなど創意工夫を生かした教育活動の充実を図ること」，特に「年間」という視点が入れられていることに着目する必要がある．他教科との関連を意識して主体的・対話的で深い学びの実現を図る上で，総合的な学習の時間の特質である1年間を見通すことの重要性が明記されている．

年間指導計画の作成においては，単元名，各単元における主な学習活動，活動時期，予定時数等が記載される主な要素となると考えられる．その学年の総合的な学習の時間の単元のみでなく，他教科等との関連を示す表を作成したり，他学年との関連を示したりする等，各学校が実施する教育活動の特質に応じて必要な要素を盛り込み，実際に活用しやすい様式の工夫が考えられる．

年間指導計画の作成及び実施上の配慮事項として，文部科学省『小学校学習指導要領解説　総合的な学習の時間編』『中学校学習指導要領解説　総合的な学習の時間編』では次の点を示している．（小学校解説，pp.94-98．中学校解説，pp.90-94．）

(1) 児童・生徒の学習経験に配慮すること
(2) 季節や行事など適切な活動時期を生かすこと
(3) 各教科等との関連を明らかにすること
(4) 外部の教育資源の活用及び異校種との連携や交流を意識すること

以下，この4点について具体的に述べていく．

(1) 児童・生徒の学習経験に配慮すること

総合的な学習の時間の年間指導計画作成に当たっては，当該学年までの児童・生徒の学習経験やその成果を把握することによって，その経験や成果を生かし

た年間指導計画の作成が可能となる．

　総合的な学習の時間は小学校第3学年から開始されるが，児童はそれまでに幼児教育や小学校第1・2学年において学習経験を有している．生活科等の小学校低学年における学習経験を把握するとともに，生活科等と第3学年から行われる総合的な学習の時間の学習活動の関連・発展について検討しておくことが必要である．また，中学校においても小学校における総合的な学習の時間の学習経験を把握し，例えば小学校と類似の活動の繰り返しとなる学習については，これまでの学習経験を生かすとともに，質的な高まりが期待できるか等の検討を行うことが重要である．

　また，小学校・中学校における発達段階に応じた活動や体験の検討とともに，6年間，9年間の見通しの中で段階的にどのような体験をどのように積み重ねていくかについての検討も必要である．発達段階に応じた見通しのある学習経験の積み重ねにより，次の段階でより高い活動や体験を目指すことが可能となってくる．また，各段階での児童・生徒の学習経験を把握することにより，それまでの学習経験が不足している場合も，児童・生徒の状況に応じた活動を計画することが可能となる．

　なお，低学年の生活科の学習との関連については，第4節で述べる．

(2) 季節や行事など適切な活動時期を生かすこと

　年間指導計画の作成に当たっては，1年間の季節の変化や学校・地域の行事等の流れを総合的な学習の時間の展開に生かしたり，関連付けたりする事が重要である．学習活動を地域の伝統的な行事や季節の変化，動植物の関わりなどの特定の時期を考慮して設定することにより，より高い効果が期待できる．例えば，地域の伝統的な行事を中心とした探究的な学習を展開する場合，行事の開催日とともに，準備の開始時期やその進行日程等も把握しておくことにより，児童・生徒が行事の参観のみでなく，伝統的な準備の様子を見たり，準備をする関係者から歴史的な背景等の話を聞いたりすることもできる．行事によっては，準備段階から児童・生徒が参加し，関係者とともに行事の開催に向けて活動する中で地域の人々の思いや願いに触れることも可能となる．

同様に，歴史的な記念日や国際的な記念日等と関連付けることも考えられる．これらの記念日は，毎年決められた日あるいは週に位置付けられ，内容についての関心を高めたり，課題の解決に向けたりするための報道がこの時期に集中して行われることが多い．このような時期を生かすことにより，児童・生徒が新聞やテレビ等で情報を収集したり，地域での活動に参画したりする等の学習活動が考えられる．

　生産活動においても，例えば1年間の地域における対象の農作業等の流れを把握することによって，児童・生徒が可能な作業を実際に体験し，農家の人と一緒に作業をする中で，栽培に対する人々の思いの共感的理解へと高めることができる．

(3) 各教科等との関連を明らかにすること

　小学校，中学校ともに学習指導要領「総合的な学習の時間」の第3　指導計画の作成と内容の取扱いの1の(3)では年間指導計画作成に当たっては，各教科等との関連的な指導を行うことができるようにすることが求められている．

　関連的な指導は，各教科，道徳科，外国語活動，総合的な学習の時間及び特別活動の全てにおいて重視されている．しかし，横断的・総合的な学習を構想する上では，総合的な学習の時間の特性において，特に多く広く行われることが予想される．こうした特性を踏まえて，小学校・中学校ともに第3の1の(3)に各教科との関連付けが明記されており，総合的な学習の時間において特に重視されている．各教科等で身に付けた資質・能力を十分に把握し，組織し直し，現実の生活に関わる学習において活用することが，総合的な学習の時間における探究的な活動を充実させることにつながる．

　年間指導計画の作成に当たっては，各教科等と総合的な学習の時間の関連が把握できるような書式の工夫も考えられる．図5-2は年間指導計画の一例である．

　作成の手順としては，各学年の前年度の関係教師から引き継いだ成果と課題，及び学年の教科等と総合的な学習の時間の単元一覧表をもとに，関係教師全員で教科等の内容との関連を検討していく．検討にあたっては，各教科の単元名や内容のみでなく，育成された資質や能力が総合的な学習の時間の単元で発揮

第4学年　「各教科・総合的な学習の時間」の年間指導計画

	4月	5月	6月	7月	9月	10月	11月	12月	1月	2月	3月
国語	1　音読しよう・こわれた千の楽器・図書館へ行こう・心の動きを伝えよう・漢字の読み方に気をつけよう	2説明のまとまりを見つけよう・ヤドカリとイソギンチャク・案内係になろう・漢字辞典の使い方を知ろう	3　人物の変化をとらえよう・走れ・メモの取り方をくふうして聞こう・ローマ字・みんなで新聞を作ろう	・「ことわざブック」をつくろう・本は友達	詩を読もう・ふしぎ・よかったなあ　4　身の回りの文章を読みくらべよう・広告と説明書を読みくらべよう・文の組み立てを考えよう・わたしの考えたこと	1感想を伝え合おう・ごんぎつね・ある人物になったつもりで・文と文をつなぐ言葉の働きを考えよう・クラスで話し合おう	・お願いやお礼の手紙を書こう　2くらしの中にある「和」と「洋」を調べよう・くらしの中の「和」と「洋」・同じ読み方の漢字に気をつけよう	・同じ読み方の漢字に気をつけよう　3　読書会を開こう・世界一美しいぼくの村	・言葉をつなげて・「百人一首」を声に出して読んでみよう　4わたしたちの生活とロボットについて考えよう・「ゆめのロボット」を作る	・漢字を使って読みやすい文を書こう・報告します，みんなの生活・目的や形式に合わせて書こう　5音読げきをしよう　木竜うるし	・「言葉のタイムカプセル」を残そう
書写	①毛筆のしせい・毛筆で書こう②画の長さと間かく〈羊〉	③画の方向〈麦〉④筆順と字形〈左右〉		◆こう筆に広げよう・筆順と字形・どちらにする手書きとコンピューター○生活に広げよう・手紙やはがきで伝えよう	⑤組み立て方（左右の部分）〈土地〉◆こう筆に広げよう・字形の整え方	⑥組み立て方（上下の部分）〈竹笛〉⑦「折れ・折り返し」（ひらがな）〈わた〉	・漢字とかなの大きさ・ノートに書こう〈わた〉	○生活に広げよう・書きぞめをしよう〈天空・美しい空〉○生活に広げよう・年賀状を書こう（小筆）	⑧まとめ〈手話〉	○生活に広げよう・ポスターを作ろう	
社会	1．けんこうなくらしを守る（1）わたしたちのくらしと水（電気・ガス）	（2）わたしたちのくらしとごみ（下水）			2．くらしのうつりかわり（1）古い道具と昔のくらし	2）残したいもの、伝えたいもの	（3）きょう土を開く（地域の発てんにつくした人々）	3．わたしたちの県の様子（1）広島県の様子	（2）特色ある地域の人々のくらし	（3）世界とつながる広島県	
算数	1 折れ線グラフと表 2 角の大きさ	3 わり算の筆算(1)	4 垂直・平行と四角形	☆ちがいに目をつけて 5 大きい数のしくみ ☆そろばん	6 わり算の筆算（2）	7がい数の表し方 8計算のきまり	9 面積のはかり方と表し方 10 小数のしくみ ☆共通部分に目をつけて	11 変わり方調べ	12 小数のかけ算とわり算 ☆どんな計算になるのかな	13　分数 14　直方体と立方体	☆デジタル数字 ☆共通部分に目をつけて ☆算数おもしろ旅行 ☆4年のふくしゅう
理科	☆花や虫を見つけたよ 1 季節と生き物	2 天気による気温の変化 3 体のつくりと運動	4 電気のはたらき	☆夏と生き物 ☆夏の星	5 月や星の動き	6 とじこめた空気と水；☆秋と生き物 ☆深まる秋と生き物	7 もののあたたまり方	8 ものの温度と体積	☆冬の星 ☆冬と生き物 ☆生き物の1年	9 水のすがた	10 水のゆくえ ☆ふたたび春が
音楽	☆にっぽんのうた みんなのうた 1 ひびけ歌声 ☆音楽ランド（随時）	2 ひょうしとせんりつ ☆にっぽんのうた　みんなのうた 3 せんりつと音色		☆めざせ楽器名人	4 アンサンブルの楽しさ ☆音楽ランド	5 日本のリズム・世界のリズム ☆にっぽんのうた　みんなのうた 6 えんそうのくふう			7 音楽のききどころ ☆音楽ランド	8 気持ちを合わせて ☆みんなの音楽パーティー 校歌・国歌随時	
図工	ちがいをみとめてよく見てかこう	便利なマイボックス	ゆめのドア	とび出すメッセージカード	つないでいくと	心にのこったそのことを	光るステンド		絵と言葉で表そう	ほってすって	コロコロガーレ
体育	体つくり運動；走・跳の運動「かけっこ・リレー」	ゲーム「ソフトバレーボール」	マット運動；浮く・泳ぐ運動		表現運動；体つくり運動	走・跳の運動「高とび運動」；鉄棒運動	とび箱運動	走・跳の運動「ハードル走」；ゲーム「ポートボール」	体つくり運動「なわとび」	ゲーム「ハンドベースボール」；ゲーム「フラッグフットボール」	
保険							育ちゆく体とわたし（保健）		育ちゆく体とわたし（保健）		
総合	昔にタイムトラベル				未来にタイムトラベル				自分にタイムトラベル		
広島市平和教育プログラム	1　広島のひばくと伝えたいこと				フラワーフェスティバルにこめた願い（1）		広島のひばくと人びとのくらし（1）		残したいもの・伝えたいこと（1）		

図 5-2　年間指導計画例（広島市立早稲田小学校　第4学年）

され,総合的な学習の時間で育成された資質や能力が各教科等の学習活動で活用されたることを想定していく。このように一覧表をもとに関連を図ることができる単元を線で結んでいく等の作業を行いながら,その年度の各学年の年間指導計画を作成する。関係教師全員で年間指導計画を作成することにより,多様な発想が期待できるとともに,目標・内容の共通理解を図ることができる.

(4) 外部の教育資源の活用及び異校種との連携や交流を意識すること

　総合的な学習の時間の学習活動を一層充実したものにするためには,保護者や地域の人,専門家等の多様な人々の協力,社会教育施設や社会教育団体等の施設・設備など,様々な教育資源の活用を工夫することが必要である.この事は,小学校,中学校ともに学習指導要領「総合的な学習の時間」の第3　指導計画の作成と内容の取扱いの2の(7)にも示されている.年間指導計画作成にあたって,児童・生徒の学習活動の深まりを想定し,学習活動が充実するための最も適した時期に各団体や個人に協力が依頼できるよう,連携をとっておくことが必要である.

　また年間指導計画の中に,幼稚園・保育所等の異校種や同じ中学校区内の他の小学校や特別支援学校等の幼児・児童・生徒が交流を行う単元を構成することも考えられる。異校種との連携や交流活動を行う際には,児童・生徒がその交流を行う必要感を感じ,学習活動に必然性があることが大切である。また,交流に当たっては,双方にとって教育的価値のある関係となっているかについても十分吟味して計画する必要がある.

　このように,学校外の人々や団体の協力を得たり,異校種との交流活動を位置付けたりするためには,事前の打ち合わせを十分行うことが重要である。年間指導計画作成に当たっては,学習活動のねらいや展開等について,協力者や対象校の理解を得たり,意見を聞いたりする場を設定することも必要である.

第4節

生活科との関連を図った指導計画

　前節で述べたように総合的な学習の時間の指導計画の作成に当たっては小学校第3学年以降から中学校における発達段階に応じた活動や体験の検討とともに，6年間，9年間の見通しの中で段階的にどのような体験をどのように積み重ねていくかについての検討が重要である．

　低学年の教科である生活科では，2017(平成29)年改訂小学校学習指導要領において，2年間を見通して，「スタートカリキュラムを始めとする幼児期の教育との関わり」，「低学年2年間における児童の発達との関わり」，「第3学年以上の学習との関わり」に配慮した年間指導計画の作成が求められている．

　児童にとって学びやすい学習環境において，幼児期からの学びと育ちを生かす活動を設定し，自立に向かう工夫を2年間にわたって積極的・計画的に行っていく必要がある．そのためには，生活科のみの指導計画の作成にとどまらず，低学年の各教科等との合科的・関連的な指導等，低学年の教育全体に及ぶ生活科を中心とした教育課程を工夫していくことになる．

　このように生活科の指導計画では，低学年の2年間を見通し，身の回りの対象への見方・考え方を広げ，思考力を伸ばし，体験や気付きの質を高めていくことが求められている．また，生活科の学習内容や学習方法は，小学校第3学年以上の教科等へも関連していることを配慮しながら指導計画が作成される．児童が自分との関わりで身近な人々や社会，自然に直接関わる学習は，社会科や理科等の学習内容に関連するとともに，それらを一体的に学び，自分自身や自分の生活について考え，具体的な活動や体験を通して自分の思いや願いを実現していく学習は総合的な学習の時間にもつながっていくと考えられる．生活科で育成する身近な生活に関わる見方・考え方は，総合的な学習の時間における探究的な見方・考え方に発展していく．幼児期から小学校，さらに中学校・高等学校までを見通した指導計画を構想する上で，生活科との接続・関連を図ることは，小学校低学年のみならず就学前の幼児教育との関連・発展を図ることにもつながる．図5-3は小学校における生活科・総合的な学習の時間の関連

第4節 生活科との関連を図った指導計画

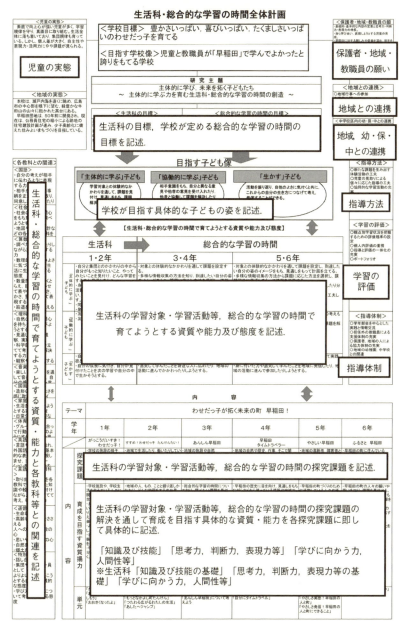

図5-3 生活科・総合的な学習の時間の全体計画様式例(広島市立早稲田小学校の全体計画の様式)

第5章 「総合的な学習の時間」の全体計画と年間指導計画

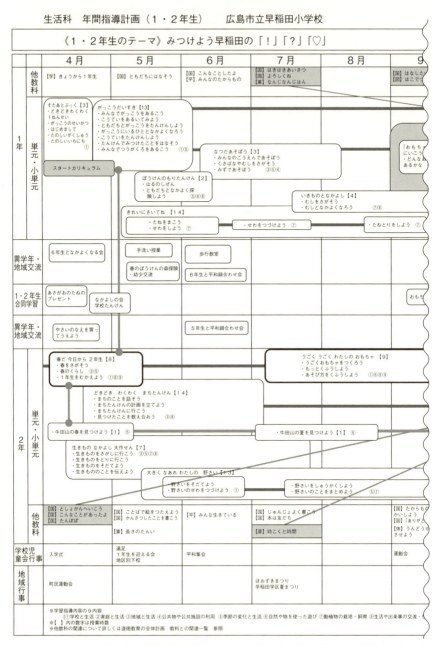

図5-4 生活科の年間指導計画（広島市立早稲田小学校　第1・2学年部分）

を踏まえた全体計画の様式例．図5-4は，生活科の第1・2学年の年間指導計画例である．小学校入学後の2年間の発達段階や学習経験を踏まえながら，両学年の関連も考慮した計画となっている．この2年間の年間計画との接続・発展を意識して第3学年以上の総合的な学習の時間や各教科等の年間計画を作成することが望ましい．

以上のように生活科等との関連を図ることは重要であるが，同時に生活科，総合的な学習の時間のそれぞれの目標，内容を共通確認しておく必要がある．総合的な学習の時間との接続・関連を意識する余り，小学校入学直後の第1学年の生活科の授業の中で，総合的な学習における探究的な学習のプロセスに沿った単元を構成するなど，第3学年以上の教科や総合的な学習の時間の前倒しとなることがないように留意する必要がある．総合的な学習の時間の年間指導計画の作成に当たっては，当該学年までの児童・生徒の学習経験を踏まえるとともに，各教科等との関連と違いを理解することが大切である．

参考文献
田村学（編著）『小学校教育課程実践講座　総合的な学習の時間』ぎょうせい，2017年．
田村学（編著）『中学校教育課程実践講座　総合的な学習の時間』ぎょうせい，2017年．
朝倉淳（編著）『小学校教育課程実践講座　生活』ぎょうせい，2018年．
文部科学省『小学校学習指導要領解説　総則編』東洋館出版社，2018年．
文部科学省『中学校学習指導要領解説　総則編』東山書房，2018年．
文部科学省『小学校学習指導要領解説　総合的な学習の時間編』東洋館出版社，2018年．
文部科学省『中学校学習指導要領解説　総合的な学習の時間編』東山書房，2018年．
文部科学省『小学校学習指導要領解説　生活編』東洋館出版社，2018年．

第6章

「総合的な学習の時間」の単元計画と授業構成

第1節
「総合的な学習の時間」の単元計画

1. 探究の過程とその理論

　「総合的な学習の時間」の学習は「探究的な学習」とされており，それは「学習過程を探究的にすること」とされている（文部科学省『小学校学習指導要領解説　総合的な学習の時間編』東洋館出版社，2018，p.9，p.114ほか．本章において以下『解説』）．それは，次のような学習過程である（『解説』p.114）．

> 【①課題の設定】　体験活動などを通して，課題を設定し課題意識をもつ
> 【②情報の収集】　必要な情報を取り出したり収集したりする
> 【③整理・分析】　収集した情報を，整理したり分析したりして思考する
> 【④まとめ・表現】　気付きや発見，自分の考えなどをまとめ，判断し，表現する

　『解説』（p.9）では，この過程が児童の姿と合わせて次のように述べられている．

> 　児童は，①日常生活や社会に目を向けた時に湧き上がってくる疑問や関心に基づいて，自ら課題を見付け，②そこにある具体的な問題について情報を収集し，③その情報を整理・分析したり，知識や技能に結び付けたり，考えを出し合ったりしながら問題の解決に取り組み，④明らかになった考えや意見などをまとめ・表現し，そこからまた新たな課題を見付け，更なる問題の解決を始めるといった学習活動を発展的に繰り返していく．要するに探究的な学習とは，物事の本質を探って見極めようとする一連の知的営みのことである．

このような過程に関する論の源泉はいろいろなところに見ることができよう．教育学においては，デューイ(John Dewey,1859-1952)の問題解決学習やキルパトリック(William Heard Kilpatrick,1871-1965)のプロジェクト法などを挙げることができる．

デューイは，"Democracy and Education"『民主主義と教育(上)』(松野安男訳，岩波文庫，1975，pp.239-240)において，「熟慮的経験」の特徴として次のような諸点を示している(一部筆者による要約等)．

(ⅰ) 困惑・混乱・疑惑
(ⅱ) 推測的予想
(ⅲ) 試験，点検，探索，分析
(ⅳ) 試験的仮説の精密化
(ⅴ) 何かを実際に行い，それによって仮説を試すこと

また，上掲書の別の箇所(pp.259-260)では，「教授法の要点は，熟慮の要点と全く同じ」とした上で，次の諸点を示している(筆者による要約等)．

第一　生徒がそれ自体のためにそれに興味をもつような，連続的活動を行う．
第二　本物の問題が，思考を呼び起こす刺激として現れる．
第三　必要な情報をもつ．観察を行う．
第四　解決案が心に浮かび，それを整然と展開する．
第五　自分の考えを適用して試し，意味を明らかにし，妥当性を見出す．

デューイによるこのような論考は，問題解決学習の要点や段階を示すものとして解されている(広岡亮蔵，1990ほか)．

デューイの同僚であり後継者でもあったキルパトリックは，目的を実現する過程を，"The Project Method"『プロジェクト法－教育過程における目的ある行為の使用－』(市村尚久訳，明玄書房，1967，p.50)において，次のように示している．

目的を立てること (purposing)
計画すること (planning)
遂行すること (executing)
判断すること (judging)

このような目的実現の過程は、私たちが日常生活において行う行為、集団において行う組織的、計画的な営みなどについても共通している。実生活や実社会は、このような大小さまざまなプロジェクトを単位として成り立っていると考えることができる。プロジェクトが進行する過程で、いろいろな問題が発見されそれらが解決されて、プロジェクトの目的が実現していくのである。目的実現型のプロジェクトと問題解決は構造的に結びついているといえる。学校においても、児童生徒が何らかのプロジェクトを遂行することで、さまざまなことを意味ある形で学ぶことができるのである。

このような論は今日の「総合的な学習の時間」の構成原理の源泉の一つとして考えることができる。探究としての「総合的な学習の時間」の学習過程は突然に現出したわけではなく、教育学などのいろいろな文脈やさまざまな教育実践の中で成立したと考えることができよう。

2. 単元計画作成の要点

「総合的な学習の時間」として意図的に構成されたプロジェクトは、単元という形でカリキュラムに位置付く。「総合的な学習の時間」の単元は、前述のとおり①～④の探究の過程で構成される。ただ、実際は、探究の過程がこの順序のとおりに進むわけではなく、行きつ戻りつしながら進んでいく。また、①～④のサイクルは小さな1サイクルが繰り返されながら大きな1サイクルを形成するというような複合的な過程となる。では、プロジェクトとしての単元の計画をどのように構想すればよいだろうか。

『解説』(p.99)は、単元について次のように示している。

> 単元とは、課題の解決や探究的な学習活動が発展的に繰り返される一連の学習活動のまとまりという意味である。

また、別の箇所（『解説』p.92）では、単元について次のように述べている。

> 単元は，目標を実現するにふさわしい探究課題及び探究課題の解決を通して育成を目指す具体的な資質・能力をよりどころとして計画され，実施される．

このように「総合的な学習の時間」における単元は，探究課題の解決，実現に向けて発展的に繰り返される学習活動のまとまりとして捉えることができる．

さらに『解説』（p.92）は，単元計画について次のように示している．

> 単元計画とは，課題の解決や探究的な学習が発展的に繰り返される一連の学習活動のまとまりである単元についての指導計画である．

別の箇所（p.99）では，単元づくりについて次のように示している．

> 単元づくりは，教師の自律的で創造的な営みである．学校として既に十分な実践経験が蓄積され，毎年実施する価値のある単元計画が存在する場合でも，改めて目の前の児童の実態に即して，単元づくりを行う必要がある．

これらを基礎にして考えるならば，「総合的な学習の時間」の単元計画の作成に当たっては，およそ次のような点を考慮する必要があろう．

〔探究課題のもつ特性として〕
① 教科横断的・総合的であること
② 現在・未来における課題と関係するものであること
③ 学校や地域，グローバル社会など，実社会や実生活に関係すること
④ 児童生徒の関心を高め，探究的で発展的，弾力的な展開が可能であること

〔単元づくりや単元計画の在り方として〕
① 単元づくりが教師や学校の自律的で創造的な営みとして行われること
② 単元計画が児童生徒の実態や社会の変容などに応じて適切にマネジメントされること

3. 単元計画の実際

「総合的な学習の時間」のカリキュラムは，学校独自のものであるため，学

表6-1 指導と評価の計画

単元名	主な活動計画		評価の観点	評価方法
早稲田の未来を考えよう(23時間)	課題設定	○これまで(5年生時から)の「わせだっ子タイム」の学習を振り返る。(1h)	(7)	・行動観察による評価(行動・発言) ・制作物による評価(ワークシート)
		○自分たちが早稲田の町に対してできること(「想い」という早稲田の歌に新しい歌詞や体操を考える)を話し合う。(1h)	(5)	・行動観察による評価(行動・発言) ・制作物による評価(ワークシート)

(広島県小学校教育研究会生活科・総合的な学習の時間部会・広島市小学校生活科・総合的な学習の時間教育研究大会実行委員会・広島市立早稲田小学校「平成29年度 第4回広島県小学校生活科・総合的な学習の時間教育研究大会(広島市大会)開催要項」2017, p.37 より.)

校によって大きく異なり，設定される単元も多様である．また，単元をどのような形で表現・表記するかもさまざまであり，特定の形に集約することはできない．ここでは，単元計画のうち，単元の学習過程や展開を示す部分について例示する．表6-1は，広島市立早稲田小学校が2017(平成29)年度に用いた形であり，シンプルでわかりやすい構造がその特長である．

第2節
「総合的な学習の時間」の授業構成

1．一単位時間の学習過程と「主体的・対話的で深い学び」

「総合的な学習の時間」では，一単位時間の学習過程も，単元全体の大きな探究の過程の一部に位置付くことが重要である．また，一単位時間の授業過程そのものも探究の過程やその一部になっていることが大切である．

一単位時間の過程は，学習問題としての「めあて」を軸に考えるならば，たとえば次のように示すことができる．

```
1  めあてへの接近
2  めあての設定
```

> 3 めあての追究（個別学習）
> 4 めあての追究（個別学習に基づく小集団学習・全体学習）
> 5 めあてに対するまとめ
> 6 ふりかえり

　この過程は事実上探究の過程と重なるものであり，このような一単位時間が積み重なって大きな探究の過程となるのである．ただし，いつも一単位時間の中に1～6のすべてが含まれるわけではなく，特定の段階に焦点を当てた一単位時間もある．学習過程は，形式にとらわれるのではなく，児童生徒の活動や思考に即して柔軟に設定したい．

　「主体的・対話的で深い学び」は，今期学習指導要領の改訂で強調された授業改善の視点である．従前より大切な点であり，「総合的な学習の時間」においてはその特性からも欠かせない視点である．授業実践では，めあての設定や学習活動の在り方などが一層重要となるであろう．

　なお，一単位時間の学習活動や内容が多すぎれば，教師の指示や説明が多くなり，「主体的・対話的で深い学び」の実現はかえって難しくなる．特に「深い学び」には時間が必要であることを踏まえ，一単位時間の活動や内容を精選することが大切であろう．

2. 「総合的な学習の時間」における発問構成

　単元を貫く問いは探究課題であり，一単位時間の中心となる問いは「めあて」である．また，一単位時間の授業を進めていく際に，実際の学習活動を導く問いが発問である．

　「総合的な学習の時間」は，児童生徒が自分たちの目的を実現する過程において問いを発見し，思考し，判断し，実行していくことが重要である．しかし，そのような児童生徒の学習が表面的な範囲にとどまっていたり，探究的な見方・考え方を働かせることができなかったりする場合などには，教師による発問が一層大切な役割りを果たす．

発問は児童生徒の思考を促すが，教師は，その発問がどのような思考を促すのかなど，その意図を明確にしておくことが大切である．例えば，後述するような「順序付ける」「比較する」「分類する」ことによってそのような力を育成したいということも意図となるであろう．あるいは，多様な児童生徒の活躍を意図した発問もあるだろう．発問が児童生徒の力を育て，最終的には教師の発問がなくても，児童生徒自身が問いを見つけたり問いを立てたりすることができるようになることを目指したい．

3. 考えるための技法

前述のとおり平成29年文部科学省告示「小学校学習指導要領」等では，「主体的・対話的で深い学びに向けた授業改善」について示されている．このような授業改善の一方法として，いわゆる思考ツールやシンキングマップなど思考を助ける技法を適切に活用することも有効であろう．考えるための技法としては，『解説』（pp.84-85）に次のようなものが例示されている．

○順序付ける	○比較する
○分類する	○関連付ける
○多面的に見る・多角的に見る	○理由付ける（原因や根拠を見付ける）
○見通す（結果を予想する）	○具体化する（個別化する，分解する）
○抽象化する（一般化する，統合する）	○構造化する

これらは思考する際の手助けとなる技法であり，問いや思考の内容との関係において適切な技法が適切に活用されることが大切である．したがって，「はじめに技法ありき」で単元や授業が計画されるのではなく，よりよい学びの創造のために活用されるべきものである．児童生徒自身が問いや内容，場合などによって，適切な技法を適切に活用したり，新たな技法を生み出したりしていくことが大切なのである．

4. 総合的な学習の時間における環境構成

　ここでいう環境構成とは，教室や廊下などの掲示や展示，校舎や校庭における物の配置や運営などのことである．例えば，教室の側面にこれまでの学習過程やこれからの方向性を示す模造紙を掲示したり，教室の後ろに関連する図書や実物資料などを展示したりすることである．また，校舎のまわりの花壇で植物を栽培したり，校庭の隅にビオトープを造ったりすることである．

　児童生徒は身近な環境から，何らかの関心を高めたり問いを生起させたりする．また，単元によってはその進行とともに直接環境の構成に関わることもある．環境が適切に構成され，活用されることが，児童生徒の主体的な学びを創り出したり支えたりするのである．

第3節
「総合的な学習の時間」の学習指導案の様式

1. 学習指導案の様式がもつ意味

　学習指導案は，授業実践の際に必要不可欠な最低限の設計図である．学習指導案を作成するプロセスにおいて，当該時間の実践に必要な計画としての準備と物理的な準備がおおむね出来上がっていく．したがって，その様式は，その時間の特性を表現し，授業準備として必要な要素がおよそ盛り込まれている必要がある．このように考えるならば，学習指導案の様式は単なる形式的なものではなく，授業づくりを支えるものとして大変重要である．また，この様式に各学校の「総合的な学習の時間」の考え方や特性も表れてくる．

　「総合的な学習の時間」の計画や実践は，各学校の実態や地域の実態によって異なる．「総合的な学習の時間」の大切な要素を押さえつつ，各学校において独自の様式を構成したいところである．

2. 単元計画としての学習指導案

　学習指導案のうち，単元全体に関係する部分についてどのように書けばよいだろうか．『解説』(p.104)には，「単元名」「単元目標」「児童の実態」「教材について」「単元の展開」という項目が例示されている．これらは，基本的には各教科等に共通のものであるが，「総合的な学習の時間」としては次のような点に留意する必要がある．

(1) 単元名

　単元名は，問題解決やプロジェクトとしての一連の学習のまとまりに付ける看板の働きをする．学習の内容や方向性，意義が表現され，どのような学習なのかが想像できるとともに，児童生徒の関心や意欲が高まるものでありたい．ただ，それらを意識するあまり言葉が多くなりすぎないように留意し，活動や目的を素直に簡潔に表現することが大切である．

(2) 単元目標

　今期学習指導要領等は，育成を目指す資質・能力を「知識及び技能」「思考力，判断力，表現力等」「学びに向かう力，人間性等」の三つの柱で示している．したがって，「総合的な学習の時間」の単元目標もこれらの柱を意識して示すと整理しやすいであろう．ただ，「学びに向かう力，人間性等」は一つの単元の目標とするには大きな柱であるので，評価の観点となる「主体的に学習に取り組む態度」で示すことも考えられる．

(3) 児童生徒の実態

　本単元を進めるに当たり捉えておきたい児童生徒の関心や経験などについて示す部分である．学級の児童生徒の傾向や共通することなどを簡潔に示すことになるものの児童生徒の実態は一人一人異なることから，実際の授業実践に当たっては，児童生徒の多様性を考慮した展開としたい．

(4) 教材について

　学習対象となる事象としての教材について，その本質や当該の児童生徒が学習することの意義などを示す．「総合的な学習の時間」「総合的な探究の時間」では，この項目において，本単元において習得され活用される概念的な知識を記すこともできよう．

(5) 単元の展開

　単元全体の学習過程が示される部分である．この部分を「単元構成」や「単元計画」ということもある．書き方は多様であるが，探究課題に対する学習過程が，主な学習活動や教師の働きかけ，環境構成，各教科等との関連，評価計画などの点から時間の経過に即して表形式や図として示されるのが一般的であろう．

3. 本時の計画としての学習指導案

　学習指導案のうち本時の部分について，どのように書けばよいだろうか．たとえば，本時が単元全体のどこに位置付くのかという情報は欠かすことができない．そのほか，本時に関して，次のようなことを考え具体的に記述していく．

(1) 本時の目標

　本時の目標の書き方も多様であるが，主な学習活動や授業の中盤から終末における児童生徒の姿などを記したい．教師の指導目標として書く場合と児童生徒の姿そのものとして書く場合では，文末表現が異なることに留意したい．

(2) 準備物

　児童生徒や教師が通常準備するものは記入せず，その時間における特別な準備物を示す．総合的な学習の時間では，本時の活動によって，表やグラフ，写真，実物などが考えられる．

(3) 授業過程（学習活動・教師の関わり・評価計画）

　時間の経過に沿って，児童生徒の学習活動や教師の関わり，評価計画などを記す．本時のめあてを軸に児童生徒の意識の流れが自然であるか，学習活動に対応する教師の関わりが適切な対応関係になっているか，などに留意するとよいだろう．

(4) 板書計画

　板書は，学習の進行を助けたり集団思考の際のツールとなったり振り返りに活かされるなど，重要な役割をもつ．学習の展開によって計画どおりとはならないが，授業前に板書計画をつくっておくことは児童生徒の思考の姿を予想することにもつながる準備である．

参考文献等

文部科学省告示「小学校学習指導要領」2017年．
文部科学省告示「中学校学習指導要領」2017年．
文部科学省告示「高等学校学習指導要領」2018年．
文部科学省『小学校学習指導要領（平成29年告示）解説　総合的な学習の時間編』東洋館出版社，2018年．
文部科学省『中学校学習指導要領（平成29年告示）解説　総合的な学習の時間編』東山書房，2018年．
デューイ，松野安男訳『民主主義と教育（上）』岩波文庫，1975年．
デューイ，松野安男訳『民主主義と教育（下）』岩波文庫，1975年．
ウイリアム・H・キルパトリック，市村尚久訳『プロジェクト法』明玄書房，1967年．
広岡亮蔵「問題解決学習」，細谷俊夫ほか編『新教育学大事典　第6巻』第一法規出版，1990年，pp.381-384．
中央教育審議会初等中等教育分科会教育課程部会「児童生徒の学習評価の在り方について（報告）」2019年1月21日．

第7章

「総合的な学習の時間」の学習指導と評価

　総合的な学習の時間では，日常生活や社会に生起する複雑な問題について，その本質を探って見極めようとする問題解決的な活動が発展的に繰り返されていく．これを「探究的な学習」と呼び，「探究的な学習における児童の学習の姿」において一連の学習過程が示されている（本書第2章 p.14 図2-1参照）．

　児童生徒は，①日常生活や社会に目を向けた時に湧き上がってくる疑問や関心に基づいて，自ら課題を見付け，②そこにある具体的な問題について情報を収集し，③その情報を整理・分析したり，知識や技能に結び付けたり，考えを出し合ったりしながら問題の解決に取り組み，④明らかになった考えや意見などをまとめ・表現し，そこからまた新たな課題を見付け，さらなる問題の解決を始めるといった学習活動を発展的に繰り返していく．

　総合的な学習の時間では，この①【課題の設定】→②【情報の収集】→③【整理・分析】→④【まとめ・表現】の探究的な学習過程を通して，資質・能力を育成するのである．

　本章では，総合的な学習の時間において，どのような学習指導を行うことが求められているのかについて，「小学校学習指導要領解説　総合的な学習の時間編」（文部科学省，2018）（以下，「解説」と記す）を基に，そのポイントを整理し，考察する．

第1節
学習指導の基本的な考え方

　「解説」では，学習指導の基本的な考え方として，「児童生徒の主体性の重視」

「適切な指導の在り方」「具体的で発展的な教材」の3点が述べられている．

1. 児童生徒の主体性の重視

　総合的な学習の時間の学習指導の第1の基本は，「学び手としての児童生徒の有能さを引き出し，児童生徒の発想を大切にし，育てる主体的，創造的な学習活動を展開すること」である．

　「解説」では，「児童生徒は本来，知的好奇心に富み，自ら課題を見付け，自ら学ぶ意欲をもった存在である．」「児童生徒は未知の世界を自らの力で切り開く可能性を秘めた存在である．」といった肯定的な児童生徒観に立って，「児童生徒の主体的な取組を重視し，児童生徒がもつ本来の力を引き出し，それを支え，伸ばすように，意図的・計画的に指導し，働き掛け，児童生徒のもつ潜在的な力が発揮されるような学習指導を行うことが大切である．」ことが述べられている．

　児童生徒は，具体的な事実に直面したり，様々な情報を得たりする中で，対象に強い興味や関心をもち，自分事として自らの課題を見出し，探究的な学習を展開していく．そのためにどのような対象を準備し，その出会わせ方をどのように工夫するのか，課題の設定場面の指導の工夫が必要となる．また，実際に体験したり調査したりして，繰り返し対象に働きかけることで，対象への思いを膨らませていく．そこで，どのような支援をしていけばよいのか，情報の収集場面での指導の工夫が必要である．さらに，興味ある事象についての学習活動に取り組む児童生徒は，納得するまで課題を追究し，本気になって考え続ける．その時に，どのように考えを整理し，どのようにして表現・発信させていくのかなど，整理・分析，まとめ・表現する場面での指導の工夫が必要になってくる．

　この探究的な学習過程において，児童生徒が主体的に取り組み，自らの学びのストーリーを描き，よりよく課題を解決し，自己の生き方を考えていくための資質・能力を育んでいくために，教師は意図的・計画的に指導し，働き掛けていく必要がある．

2. 適切な指導の在り方

　上記の「児童生徒のよさや可能性を引き出し，それを支え，伸ばすために，児童生徒の主体的な取組を重視する」ことを踏まえ，学習指導の第2の基本としては，「探究課題に対する考えを深め，資質・能力の育成につながる探究的な学習となるように，教師が適切な指導をすること」である．
　そのポイントは，以下のように整理できる．

- 児童生徒の状況や教材の特質に応じて，教師がどのような意図をもって展開していくのか，教師の明確な意図，児童生徒への願いをもつ．
- 目標に合った適切な教材を用意する．
- どのような体験活動を仕組み，どのような話し合いを行い，どのように考えを整理し，どのようにして表現し発信していくかなど，具体的に単元を構想する．
- 教師の指導性と児童生徒の自発性・能動性とのバランスを保ち，それぞれを授業の中に適切に位置付ける．
- 教師自身が明確な考えをもち，期待する学習の方向性や望ましい変容の姿を想定し，学習活動のイメージをもつ．
- 児童生徒の望ましい変容の姿を想定しておき，学習状況に応じた適切な指導に生かす．

3. 具体的で発展的な教材

　学習指導の第3の基本は，「身近にある具体的な教材，発展的な展開が期待される教材を用意すること」と記されているように，児童生徒の自主性や自発性を重視し，児童生徒が思いや願いをもって，充実した学習活動を展開し，学習を深め，児童生徒が探究課題の解決を通して，育成を目指す具体的な資質・能力を身に付けていくためには，適切な教材（学習材）が用意されていることが欠かせない．
　教材は，探究的な学習として質の高い学習活動が展開されるように，児童生徒の学習を動機付けたり，方向付けたり，支えたりするものであることが望まれる．児童生徒の興味・関心をこれまで以上に重視しながら，児童生徒の身の回りの日常生活や社会にある事物や現象を適切に取り上げ，児童生徒にとって

学ぶ価値のある教材としていくことが重要である.

総合的な学習の時間の教材には,以下の特徴があることが求められている.

> ①児童生徒の身近にあり,観察したり調査したりするなど,直接体験をしたり,繰り返し働きかけたりすることのできる具体的な教材であること
> ②児童生徒の学習活動が豊かに広がり,発展していく教材であること
> ③実社会や実生活について多面的・多角的に考えることができる教材であること

その他に,以下の条件も教材選択の視点となるであろう.

> ・興味・関心を引き起こすもの
> ・児童生徒の解決可能な問題を含んだもの(見通しがもてるもの)
> ・感動や喜びが味わえるもの,意外性や驚きのあるもの(情動が伴うもの)
> ・児童生徒の生活経験と噛み合わないもの
> ・日頃あまり意識していないもの　　　　　　　　　　　　　　　等

なお,教材・対象が,いくらすばらしいものであっても,単に提示するだけでは,児童生徒に興味・関心をもたせることができず,必要感をもって探究することができない事例も見られる.そこで,第3節で述べるように,教材・対象とどのように出会わせていくのか,その工夫をすることが重要となる.

第2節

「主体的・対話的で深い学び」の視点による授業改善

今回の改訂で重視される「主体的・対話的で深い学び」の視点による総合的な学習の時間の授業改善では,これまでと同様に探究的な学習の過程(①課題の設定→②情報の収集→③整理・分析→④まとめ・表現)を充実させるとともに,その過程において多様な他者との交流などの協働的(協同的)な学びを位置付けることが重要である.

探究的な学習の過程における「主体的・対話的で深い学び」の実現について,三つの視点のポイントとしては,以下のように整理できる.

> (1)「主体的な学び」の視点
>   「主体的な学び」とは,学習に積極的に取り組ませるだけでなく,学習後に自らの学びの成果や過程を振り返ることを通して,次の学びに主体的に取り組む態度を育む学びである.
>   総合的な学習の時間においては,学習したことをまとめて表現し,そこからまた新たな課題を見付け,さらなる問題の解決を始めるといった学習活動を発展的に繰り返していく過程を重視してきた.こうした学習過程の中で児童生徒が主体的に学んでいく上では,課題設定と振り返りが重要となる.
>
> (2)「対話的な学び」の視点
>   「対話的な学び」とは,他者との協働や外界との相互作用を通じて,自らの考えを広げ深めるような学びである.
>   総合的な学習の時間において探究的な学習の過程を質的に高めていくためには,異なる多様な他者と力を合わせて課題の解決に向かうことが欠かせない.
>
> (3)「深い学び」の視点
>   「深い学び」とは,児童生徒が習得・活用・探究を見通した学習過程の中で「見方・考え方」を働かせて思考・判断・表現し,見方・考え方を成長させながら,資質・能力を獲得していけるような学びである.
>   総合的な学習の時間においては,これまで以上に探究的な学習の過程を一層重視し,学習過程の質的向上を目指すことが求められる.総合的な学習の時間における探究的な学習の過程が充実することにより,各教科で育成された資質・能力は繰り返し活用・発揮される.そのことによって,生きて働く知識及び技能として習得され,未知の状況にも対応できる思考力,判断力,表現力等が育成され,学びを人生や社会に生かそうとする学びに向かう力,人間性等の涵養につながる.

総合的な学習の時間において,このような「主体的・対話的で深い学び」の視点による授業改善を重視することが,探究的な学習の過程をより一層質的に高めていくことに繋がっていくのである.

第3節
探究的な学習過程における学習指導のポイント

総合的な学習の時間を探究的な学習とするためには,①【課題の設定】,②【情報の収集】,③【整理・分析】,④【まとめ・表現】の学習過程が繰り返される

中で，児童生徒の資質・能力が育ち，学習がさらに高まっていくことが重要である．そして，その過程の中で，実社会や実生活と関わりのある学びに主体的に取り組んだり，異なる多様な他者との対話を通じて考えを広めたり深めたりする学び，すなわち「主体的・対話的で深い学び」を実現することが大切である．さらに，今回の改訂においては，「横断的・総合的な学習」を，「探究的な見方・考え方」を働かせて行うことを通して，よりよく課題を解決し，自己の生き方を考えていくための「資質・能力」を育成することを目指している．そのためには，これまでの総合的な学習の時間において大切にしてきた「探究的な学習」の一層の充実が求められている．その探究的な学習の過程におけるそれぞれの学習場面では，次のような学習活動が行われることが期待されている．

①課題の設定：体験活動などを通して，課題を設定し課題意識をもつ．
②情報の収集：必要な情報を取り出したり，収集したりする．
③整理・分析：収集した情報を整理したり分析したりして思考する．
④まとめ・表現：気付きや発見，自分の考えなどをまとめ，判断し，表現する．

ここでは，それぞれの学習場面における学習指導のポイントを整理する．

1. 課題の設定

　課題の設定は，問題状況の中から課題を発見し設定し，解決の方法や手順を考え，見通しをもって計画を立てることである．

　総合的な学習の時間において，学校が設定した「目標を実現するためにふさわしい探究課題」を児童生徒が自分事として捉え直し，探究していきたい課題に高め，切実感や必要感をもって主体的な学びを進めていくようにするためには，学習課題として，日常生活や暮らしの中にある，実社会や実生活の問題を取り上げることや，学習活動の見通しを明らかにし，学習活動のゴールとそこに至るまでの道筋（学びのストーリー）を鮮明に描くことができるような学習活動の設定を行うことが必要である．

　特に，児童生徒が課題意識を持続しながら，息の長い探究をしていくためには，単元導入場面において，対象にどのように出会わせ，どのように学習課題

を設定していくのかについて工夫していくことが大切である．
　そこで，次のような点から出会わせ方を工夫し，よりインパクトのある出会わせ方を考え，児童生徒の探究への必要感，切実感をもたせていきたい．

・対象を見る視点を与える．（焦点を絞る，目的意識をもたせる）
・二つの対象の違いに着目させる．（比較する）
・児童生徒の認識や考えとのズレ・矛盾を引き出す．　　　　　　　　　等

　また，課題の設定に関わっては，教師が一方的に設定するのではなく，児童生徒の思考に沿った課題を児童生徒とともにつくり出すことに考慮しながら，次の視点から工夫していきたい．

・何をするか，活動が見えるもの
・その子らしい活動が保障されるもの
・楽しさがあるもの
・追求の見通しがもてるもの
・ねらいに迫っていけるもの
・活動の成果を振り返ることができるもの　　　　　　　　　　　　　等

　なお，下記のように，「問題解決学習」や「課題解決学習」と，「プロジェクト学習」では，導入時の動機付けが異なることにも留意したい．（広島県教育センター，2017）

○学習対象を限定する場合・・・・「問題解決学習」「課題解決学習」等
　学ばせたい対象がある場合は，その対象に興味・関心をもたせる工夫が必要．
○複数の学習対象がある場合・・・「プロジェクト学習」等
　地域の素材等の対象でも児童生徒の学びが深まる場合は，ウェビング等拡散的思考から興味・関心をもたせる工夫が必要．

2．情報の収集

　情報の収集は，効果的な手段を選択し，情報を収集することである．
　課題意識や設定した課題を基に，児童生徒は，観察，実験，見学，調査，探索，追体験などを行う．こうした学習活動によって，児童生徒は課題の解決に必要な情報を収集することができる．情報を収集する活動では，以下の点に配

慮したい．

> ①収集する情報は多様であり，それは学習活動によって変わる．
> 　学習活動の内容によって収集する情報の種類が違うので，その点を十分に意識した学習活動を行う．特に，総合的な学習の時間では，体験を通した感覚的な情報の収集も大切である．
> ②課題解決のための情報収集を自覚的に行う．
> 　情報収集のための体験活動の目的（何のために）と方法（どのように）を明確にし，そこで獲得される情報を意識的に収集し，蓄積する．
> ③収集した情報を適切な方法で蓄積・整理する．
> 　数値化した情報，言語化した情報などは，デジタルデータをはじめ様々な形のデータとしてポートフォリオやファイルボックス，コンピュータのフォルダなどに蓄積する．
> ④各教科で身に付けた資質・能力を発揮することで，より多くの情報，より確かな情報を収集する．

　また，教師は，児童生徒の主体的な学びを保障するために，児童生徒と対象との関わりを見極めた上で，次のような，「どこを」，あるいは「何を」児童生徒にまかせるのかを明確にしておくことも重要である．

> ・追究内容（どんな内容をまかせるか）
> ・追究方法（どんな方法をまかせるか）
> ・人的保証（どんな集団で，どんな形態でまかせるか）
> ・時間的保証（どれぐらいの時間をまかせるか）
> ・物的保証（どんな材料や道具をまかせるか）
> ・空間的保証（どんな場所でまかせるか）

3．整理・分析

　整理・分析は，問題状況における事実や関係を把握し理解したり，多様な情報の中にある特徴を見付けたり，課題解決を目指して事象を比較し関連付けたりして考えることである．

　収集した情報は，それ自体はつながりのない個別なものである．それらを種類ごとに分けるなどして整理したり，細分化して因果関係を導き出したりして

分析することが大切であり，そうした学習活動を位置付けることが重要である．その際には，以下の点に配慮したい．

・児童生徒自身が見たこと，人から聞いたこと，図書やインターネット等で調べたことなど様々な情報を吟味する．
・収集した情報を整理する段階で吟味することの必要性について考えさせる
・どのような方法で情報の整理や分析を行うのかを決定する．

　この場面では，「解説」の第3章第3節及び第5章第3節の情報を整理・分析するということを意識的に行うために，「比較して考える」「分類して考える」「序列化して考える」「類推して考える」「関連付けして考える」「原因や結果に着目して考える」などの，「考えるための技法」を活用することがポイントとなる．何を，どのように考えさせたいのかを意識し，「考えるための技法」を用いた思考を可視化する思考ツールなどを活用して，情報を操作して考えられるようにすることで，整理・分析場面の学習活動の質を高め，全ての児童生徒に資質・能力を確かに育成していくことが求められている．

4. まとめ・表現

　まとめ・表現は，相手や目的，意図に応じてわかりやすくまとめ，表現したり，学習の仕方や進め方を振り返り，学習や生活に生かそうとしたりすることである．

　ここでは，情報の整理・分析を行った後，レポートや新聞，プレゼンテーションにまとめるなどして，それを他者に伝えたり，自分自身の考えとしてまとめたりする学習活動を行う．それによって，それぞれの児童生徒の既存の経験や知識と，学習活動により整理・分析された情報とがつながり，一人一人の児童生徒の考えが明らかになったり，課題がより一層鮮明になったり，新たな課題が生まれたりしてくる．このことが学習として質的に高まっていくことであり，表面的ではない深まりのある探究的な学習活動を実現することにつながる．

　こうした場面では，次の点に配慮したい．

> ①相手意識や目的意識を明確にしてまとめたり，表現したりする．
> ②まとめたり表現したりすることが，情報を再構成し，自分自身の考えや新たな課題を自覚することにつながる．
> ③伝えるための具体的な方法を身に付けるとともに，それを目的に応じて選択して使えるようにする．

　なお，表現するに当たっては国語科，音楽科，図画工作科などの教科で身に付けた力が発揮されることが大切である．
　また，表現の活動においては，相手意識や目的意識を明確にして，調査結果をレポートや新聞，ポスターにまとめたり，写真やグラフ，図などを使ってプレゼンテーションとして表現したりすることなどが考えられるが，発表会やお楽しみ会などの単なるイベントで終わることがないように留意する必要がある．

　以上，①【課題の設定】，②【情報の収集】，③【整理・分析】，④【まとめ・表現】の探究的な学習の過程に沿って学習活動のポイントを整理してきた．こうした学習活動を繰り返していくことが探究的な学習を実現することにつながるのである．
　なお，「主体的な学び」を実現していくには，どの場面においても，振り返りを位置付けることが重要である．振り返りについては，以下の点に配慮したい．

> ・自らの学びを意味付けたり，価値付けたりして自己変容を自覚することで，次の学びへと向かう「学びに向かう力」やメタ認知能力を培う．
> ・言語によりまとめたり表現したりする学習活動として，文章やレポートに書き表したり，口頭で報告したりすることなどを行う．
> ・学習活動を振り返り，収集した情報と既有の知識とを関連させ，自分の考えとして整理する深い理解にもつながることを意識させる．
> ・授業や単元等の終末に行うものとは限らず，時には学習活動の途中において行い，見通したことを確かめ，必要に応じて見通しを立て直す．

　また，総合的な学習の時間においては，目標にも明示されているように，特に，異なる多様な他者と協働して主体的に課題を解決しようとする協働的に取り組む学習活動を重視する必要がある．その意義は以下のとおりである．

> - 多様な情報の収集に触れることができる．
> - 異なる視点から検討ができる．
> - 地域の人と交流したり友達と一緒に学習したりすることが，相手意識を生み出したり，学習活動のパートナーとしての仲間意識を生み出したりすることができる．
> - 多様な考え方をもつ他者と適切に関わり合ったり，社会に積極的に参画したり貢献したりする資質・能力の育成につながる．
> - 協働的に学ぶことにより，探究的な学習として，児童生徒の学習の質を高めることにつながる．
> - 他者への説明による情報としての知識や技能の構造化を図ることができる．
>   子供は身に付けた知識や技能を使って相手に説明して話すことで，つながりのある構造化された情報へと変容させていく．
> - 他者からの多様な情報収集により，構造化が質的に高まる．
> - 他者とともに新たな知を創造する場の構築と課題解決に向けた行動化につながる．

　なお，協働的な学習は，その前提として，「何のために学ぶのか」，「どのように学ぶのか」ということを児童生徒自身が考え，主体的に学ぶ学習が基盤にあることが重要である．

　協働的な学習はグループとして結果を出すことが目的ではなく，その過程を通じて，一人一人がどのような資質・能力を身に付けるかということが重要である．「学びは個から始まり，個に終わる」と言われるように，グループとして考えるだけでなく，一人一人が学習の見通しをもったり，振り返ったりすることが重要である．

　また，グループやペアで学ぶことが形骸化しないように，協働的に学ぶ必要感や目的をもって取り組めるように意図的，計画的に設定するよう心掛けたい．さらに，話し合いの充実や思考ツール活用のために，話型や活用マニュアルなどを提示する場合もあるが，あくまでも自転車の補助輪的役割であることを踏まえ，児童生徒の実態に応じて活用することが望ましい．

第4節
総合的な学習の時間の評価について

1. 児童の学習状況の評価

　総合的な学習の時間の評価については，「解説」にあるように，これまで各学校が自ら設定した観点の趣旨を明らかにした上で，それらの観点のうち，児童生徒の学習状況に顕著な事項がある場合などにその特徴を記入する等，児童生徒にどのような資質・能力が身に付いたかを文章で記述することとしている.

　今回の改訂においても，「解説」では，「学習指導要領が定める目標（第1の目標）を踏まえて各学校が目標や内容を設定するという総合的な学習の時間の特質から考えると，各学校が観点を設定するという枠組みは維持する必要がある.」と述べられており，観点の設定の仕方については，「総合的な学習の時間の目標を踏まえて設定すること」「各学校で育成を目指す資質や能力を踏まえて設定すること」「各教科の評価の観点との関連を明確にして設定すること」などが，例示として示されている.

　総合的な学習の時間の評価については，「知識・技能」「思考・判断・表現」「主体的に学習に取り組む態度」の三つの柱について，各学校が以下を参考にして観点を設定し，その趣旨を明らかにした上で，それらの観点のうち，児童生徒の学習状況に顕著な事項がある場合などにその特徴を記入する等，児童生徒にどのような資質・能力が身に付いたかを文章で記述することが考えられる.

【小学校・中学校】
①知識・技能
　探究的な学習の過程を通して，課題（学習対象）に関する概念的知識を獲得し，課題の解決に必要な知識や技能を身に付け，探究的な学習のよさを理解している.
②思考・判断・表現
　実社会や実生活の中から問いを見いだし，自分で課題を立て，情報を集め，整理・分析して，まとめ・表現している.

③主体的に学習に取り組む態度
　主体的・協同的（協働的）に問題の解決や探究活動に取り組み，互いのよさを生かしながら，積極的に社会に参画しようとしている．

　総合的な学習の時間における児童生徒の学習状況の評価に当たっては，「解説」に，「これまでと同様に，ペーパーテストなどの評価の方法によって数値的に評価することは，適当ではない．」と述べられており，具体的な評価については，各学校が設定する評価規準を学習活動における具体的な児童生徒の姿として描き出し，期待する資質・能力が発揮されているかどうかを診断することが大切である．そのためには，具体的な児童生徒の姿を見取るに相応しい評価方法や評価場面を位置付けることなどが必要である．そして，児童生徒の育ちつつある姿，すなわち学習の過程及び成果を妥当に，客観的に評価するためのマネジメントが必要である．このことによって，信頼性の高い学習評価が可能になり活用しやすくなる．このように児童の学習状況の評価においては，評価資料を整え，根拠のある学習評価をすることが不可欠となる．

　総合的な学習の時間における児童生徒の具体的な学習状況の評価の方法については，「信頼される評価の方法であること」「多面的な評価の方法であること」「学習状況の過程を評価する方法であること」の三つが重要である．これらの要件を満たす具体的な方法としては，児童生徒の具体的な姿として評価規準をルーブリック等で表記し診断する「パフォーマンス評価」や，継続的に学習履歴を蓄積し診断する「ポートフォリオ評価」等が考えられる．

　児童の成長を多面的に捉えるためには，図7-1のように様々ある学習評価の方法を適切に組み合わせることが重要である．

　総合的な学習の時間では，児童生徒に個人として育まれるよい点や進歩の状況などを積極的に評価することや，それを通して児童生徒自身も自分のよい点や進歩の状況に気付くようにすることも大切である．グループとしての学習成果に着目するのではなく，一人一人の学びや成長の様子を捉える必要がある．そうした評価を行うためには，一人一人が学習を振り返る機会を適切に設けることが重要である．

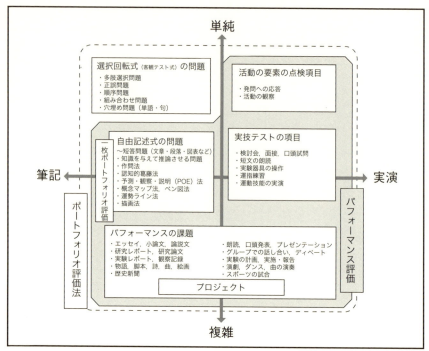

図 7-1（西岡加名恵『「資質・能力」を育てるパフォーマンス評価　アクティブ・ラーニングをどう充実させるか』明治図書，2016）

2. 教育課程の評価

　今回の改訂において，カリキュラム・マネジメントを重視することを一層明確にしたことを受け，教育課程の評価を一層充実していくことが必要である．

　学習評価を適切に進めるためには，評価する児童生徒の姿をつくり出すカリキュラム・マネジメントが必要である．つまり，教育課程の編成，指導計画の作成，充実した授業の展開などを通して児童生徒を育てることである．そして，児童生徒をさらによりよく育てるために，学習評価が必要になる．

　学習評価の結果は，教師の指導の改善，学校のカリキュラムの改善，児童生徒自身による学習改善（メタ認知）などに生かすようにしなければならない．そのためには，教師一人一人が指導の工夫をするとともに，校内研究により指導と評価と支援の一体化の実現，ICTを活用した指導法の開発など授業の質を

向上させるためのマネジメントが必要になる．

　カリキュラム・マネジメントについては，小学校学習指導要領（文部科学省，2018）第1章総則の第1の4において，以下の三つの側面が示されている．総合的な学習の時間においても，これらの側面に留意しながら着目して教育課程を評価することが大切である．

1) 児童や学校，地域の実態を適切に把握し，教育の目的や目標の実現に必要な教育の内容等を教科等横断的な視点で組み立てていくこと
2) 教育課程実施状況を，評価してその改善を図っていくこと．
3) 教育過程の実施に必要な人的又は物的な体制を確保するとともにその改善を図っていくこと

引用・参考文献
田村学『授業を磨く』東洋館出版社，2015年．
田村学『深い学び』東洋館出版社，2018年．
中央教育審議会初等中等教育分科会教育課程部会「生活・総合的な学習の時間ワーキンググループにおける審議の取りまとめ（総合）」．
　http://www.mext.go.jp/compo-nent/b_menu/shingi/toushin/__icsFiles/afieldfile/2016/09/12/1377064_2.pdf　（2018年11月30日現在）
西岡加名恵『「資質・能力」を育てるパフォーマンス評価 アクティブ・ラーニングをどう充実させるか』明治図書，2016年．
広島県教育センター『広島版「学びの変革」アクション・プラン総合的な学習の時間における「課題発見・解決学習」ガイドブック（改訂版）』．
　http://www.hiroshima-c.ed.jp/center-new/kenkyu/shoin/h29_shoin/h29_203.pdf
　広島県教育センター　（2018年11月30日現在）
文部科学省『小学校学習指導要領』東洋館出版社，2018年．
文部科学省『小学校学習指導要領解説　総合的な学習の時間編』東洋館出版社，2018年．
文部科学省『中学校学習指導要領解説　総合的な学習の時間編』東山書房，2018年．

第8章

「総合的な学習の時間」とESD

　「総合的な学習の時間」とESD（Education for Sustainable Development：持続可能な開発のための教育）との関係を明らかにするために，最初にESDが成立した歴史的経緯とDESD（United Nations Decade of Education for Sustainable Development：国連持続可能な開発のための10年）における日本のESD実践とその課題について示した上で，ESDと「総合的な学習の時間」との関連について検討しよう．

第1節
ESDの成立とその概念

1. ESD成立の経緯

　なぜ，ESDといった考え方が生まれたのか．この概念は，環境問題をめぐる国際的な議論の中で生まれた．
　1960年代以降，先進工業国となった多くの国々では，自然環境は汚染され荒廃し公害がもたらされ，社会問題化していた．そんな中，1972年，ストックホルムで開かれた「国連人間環境会議」が，環境問題への関心を世界に広める契機となった．しかし，同時に，開発が自然環境の汚染や破壊を引き起こすと主張する先進国と未開発や貧困が人間環境の最大の課題であると主張する途上国が鋭く対立した．この会議の後，国際社会において，自然環境の問題と貧困による経済・社会問題，それらの因果関係についての関心が高まった．その後，1980年に刊行された『世界環境保全戦略』の中で，「人間活動による自然環境

の持続可能な利用」といったといった考え方が示される．すなわち，環境の保全と開発を両立することが可能であることを世界に示した．この考え方が「持続可能な開発（Sustainable Development：SD）」として世界に広まったのは，1987年，「環境と開発に関する世界委員会（ブルントラント委員会）」が，公表した報告書『我ら共有の未来（Our Common Future）』である．その第2章の中で，「いまや人類は，こうした開発と環境の悪循環から脱却し，環境・資源基盤を保全しつつ開発を進める持続可能な開発の道程に移行することが必要である．」と示され，「持続可能な開発（SD）」は人類共通の課題であることが謳われる．その後，1992年，リオデジャネイロで開催された「環境と開発に関する国連会議（以下，リオ・サミット）」において，持続可能な開発の理念が国際的に合意され，地球環境行動計画「アジェンダ（検討課題）21」が採択された．この中のアジェンダ21の第36章「教育，意識啓発，研修の促進」では，「教育は，持続可能な開発を促進し，環境と開発の問題に取り組む人々の能力を高める上で決定的に重要である」と示され，ESD，つまり，持続可能な社会の実現を目指す教育の役割が注目されることになったわけである．

したがって，ESDの概念は，各国の環境問題に対する問題意識とそのことに対する議論を契機に生まれ，環境保全と開発の両立を目指す「持続可能な開発（SD）」といった概念を，具体化・現実化させるための教育的方策であると規定できる．では，キーワードとなる「持続可能な開発（SD）」には，どのような意味があるのか．

2. ESDの中心概念「持続可能な開発（SD）」

「持続可能な開発（SD）」は，様々な議論の中で拡充されていった概念である．

1987年の『我ら共有の未来（Our Common Future）』報告書において，「持続可能な開発（SD）」は「現在の世代の要求を満たしつつ，将来の世代の要求も満たす開発」と定義されている．つまり，開発と環境を対立的に捉えるのではなく，地球の生態系が持続する範囲内で開発を進める考え方であり，現在の世代が将来の世代のための資源を枯渇させぬこと（世代間の公正）と南北間の資

源利用の格差すなわち貧困と貧富の格差を解消すること（世代内の公正）を目指す考え方である．しかし，この定義では無限に成長するという印象を与える恐れがあるとして，1991年，『新世界環境保全戦略』として刊行された『かけがえのない地球を大切に(Caring for the Earth; A Strategy for Sustainable Living)』において，「持続可能な開発(SD)」とは，「限りある地球環境の生態系を維持しながら，人間の生活の質を改良する」と示された．特に個人の生活の「質」が明記されたことにより，個々の従来型価値観の見直しおよび世界倫理の必要性，従来の開発には限界性があることが記述された．そして，これらの考え方を踏まえて，「持続可能な社会の構築」が求められるようになった．その後，1992年の「環境と開発に関する国連会議（地球サミット）」において，その構成要素として，経済・社会・環境の3分野が位置付き，2002年のヨハネスブルグで開催された「持続可能な開発に関する世界首脳会議(WSSD)（以下，ヨハネスブルグ・サミット）」において，それぞれの分野は，経済開発・社会開発・環境保全として，相互依存し，補完し合う支柱として明記されたのである（図8-1）．

以上のように拡充された「持続可能な開発(SD)」概念は，次のように解釈できる．

これまでの先進工業国が進めてきた開発では，世界のすべての人々に人間らしい生活をもたらすことができないだけでなく，将来の世代に必要な資源を残すことができない．これからの開発は，経済開発だけでなく社会開発（健康・教育・福祉の充実，文化振興，公平性の向上など）がなされ，さらに環境保全とのバランスもとらなければならない．これらのバランスに加え，人間の生活の質を

図8-1　SDの3分野（外務省政府開発援助Webページより引用）

第 1 節　ESD の成立とその概念　　*101*

改良することで，世代内の公平さと世代間の公平さを実現する開発の在り方を総称して，持続可能な開発（SD）と解釈できる．

3. DESD（国連持続可能な開発のための教育の 10 年）の実施

　リオ・サミットによって，「持続可能な開発（SD）」を推進するために，特に教育が重要であることが強調されたが，具体的な進展は不十分であった．

　2002年，ヨハネスブルグ・サミットにおいて，ESDを世界的に推進するDESD（国連持続可能な開発のための教育の10年）が，日本の小泉首相から提案され，同年の第57回国連総会において，満場一致で採択された．そして，2005年から始まる10年（~2014年）を「国連ESDの10年」とし，ユネスコが，DESDのリード・エージェンシーとして，「万人のための教育」等の教育推進プログラムとの関係性を整理しつつ，国際実施計画（IIS）案を作成するように指示された．

　ユネスコでは，2003年にDESD国際実施計画草案が作成され，2005年の国際実施計画最終案の改訂を経て，ユネスコ執行委員会にて，DESD国際実施計画（DESD-IIS）が採択された．その中で，全体目標として「持続可能な開発の原則，価値観，実践を教育のあらゆる側面に組み込んでいくこと」が示され，基本的ビジョンとして「誰もが教育から恩恵を受ける機会，持続可能な未来の構築と現実的な社会転換のために必要な価値観，行動やライフスタイルを学習する機会がある世界」が目指されるようになった．

　各国政府に対しては，このIISに基づき，DESDを実施するために国家教育計画に具体的な行動を追記するように呼び掛けることで，各国政府は国内の実施計画を策定し，具体的にESDを進めることになったのである．

　以上のように，「持続可能な開発（SD）」の概念を具体化する教育上の取り組みとして，ヨハネスブルグ・サミットにおいてDESDが提案され，ユネスコが国際実施計画（IIS）を策定することで，各国は，国家教育計画の中にESDを組み込み，ローカルな実践を取り組むことが求められるようになった．

第2節

日本におけるESDの取り組みと課題

1. 日本のESDの概念と目標

　ユネスコの国際実施計画（IIS）を受け，2006年，日本においての「わが国におけるDESD実施計画」が公開された．

　日本のESDに対する考え方は，「世界には環境，貧困，人権，平和，開発といった様々な問題がある．これらの現代社会の課題を自らの問題として捉え，身近なところ取り組む（think globally, act locally）ことにより，それらの課題の解決につながる新たな価値観や行動を生み出すこと，そして，それによって持続可能な社会を創造していくことを目指す学習や活動である．」とし，端的には「持続可能な社会づくりの担い手を育む教育」としている．そのためには，現代社会のさまざまな課題（図8-2）への取り組みをベースにしつつ，環境，経済，社会の各側面から学際的かつ総合的に取り組むことを求めている．また，そのことを通して，育みたい力として，持続可能な開発に関する価値観，問題や現象の背景を体系的に理解する力や批判力を重視した代替案を思考する能力，コミュニケーション能力等の育成を目指している．

　DESDの間に，これらの目標を達成するために，学校教育，社会教育において，様々な取り組みがなされてきた．学校教育では，2008年に出された教育基本計画の重要な理念の一つにESDを位置付けるとともに，2008年版学習指導要領に，持続

図8-2　ESDの概念図（日本ユネスコ国内委員会Webページより引用）

可能な社会の構築の視点が盛り込まれた．また，具体的に推進する学校としてユネスコスクールの拡充がある．ユネスコスクールとは，ユネスコの理念を実現するために，平和や国際的な連携を実践する学校であり，元々，日本国内20校であったユネスコスクールは，2017年2月段階で1044校に増えている．その他，ユネスコスクールを支援するASPUnivNetといった大学間ネットワークを組織し，より質の高いESDの普及に向けて学校を支援する体制を整えた．

　以上のように，日本では政府が主体となり，ESDを普及させるために，トップダウン方式で実施計画を策定し実施してきた．その中でも，学校教育では，環境問題に特化せず，現代社会の様々な課題領域へ，総合的に取り組みを通してESDに関わる資質能力を育成すること，そして，その推進校をユネスコスクールのネットワークを構築したこと等に，その特徴がある．

2．多種多様な日本のESD実践

　2005年から2014年までの国連ESDの10年（DESD）の間に，ユネスコスクールを中心とした多様な教育実践がなされた．日本のESD実践の特徴は，ESDを通して育みたい力を育成するために，関わり合いの中で多様な学習が構成されていることである．ESDの概念図に基づき，環境，食，国際理解，交流活動，伝統文化，福祉，防災活動など，多種多様な分野の実践を見ることができる（文部科学省／日本ユネスコ国内委員会『ユネスコスクールESD優良実践事例集』ACCU，2014年参照）．

　例えば，環境の実践では，地域の川や海の水質調査などの調査活動から，水質の環境維持は，自分たちの生活排水や森林の維持が関与していることに気づき，水質改善のために自分たちができることを考える実践などがある．

　食の実践では，稲作や野菜栽培等の体験的活動から調理して食べることを通して，地域環境保全の大切さの理解を目指す実践などがある．

　国際理解の実践では，児童が世界のいろいろな国を調べた上で，他の国の学校と交流活動を行い，文化や価値観の違いから異文化を尊重する態度を育成する実践などがある．

伝統文化の実践では，地域の伝統芸能を地域の方から学ぶなどの体験的活動を通して，地域に対する誇りと愛情を育てることを目指す実践などがある．

防災の実践では，東日本大震災を契機に生まれた地域防災に対する問題意識を高め，災害時の避難場所等が明示された地域の防災マップ作りの実践等がある．また，これらの活動をつなげ，関連付けることでESDの育みたい力を育成すること，つまり，ESDのカリキュラム（ESDカレンダー）形成を目的とした実践もある（図8-3）．

この図のように，各学年の発達段階に応じ，系統的に育みたい力を明らかにした上で，各教科の学習と総合的な学習の時間を関連付け，年間を通して教科横断型の学習を構成している．ESD自体，学際的な取り組みであることから，ESDに関わる多様な学習を関連付け，総合的にESDで求められる資質・能力を育成する上で，優れた実践であると評価できる．

以上のように，様々なコンピテンシーを育成するために，様々な分野の教育実践が，ユネスコスクールを中心になされた．では，日本のESDには，どのような課題があるのか．

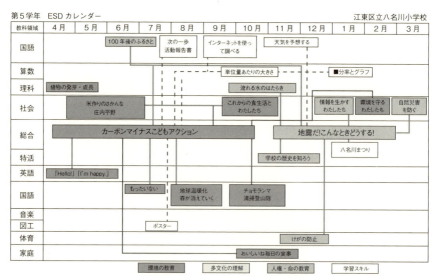

図 8-3 ESDカレンダー（JICA Webページより引用）

3. ESD 実践の課題

　DESDの10年の間，政府のESDに対する政策的関与により，学校教育だけでなく社会教育等においても，ある程度の進展を見ることができたとされる．しかし，ジャパンレポート (2014) で示されたように，それらは，ESDに関与した一部の変革に留まっていると言われている．学校教育における課題は，実践面から次の二点である．

　第一は，日本のESD概念のわかりにくさである．ユネスコスクールのアンケート調査においても「教職員のESDに対する理解が不十分」「ESDの概念がわかりにくい」といった項目を挙げた学校が半数以上であったことからもわかるように，ESD概念が，環境，平和，国際理解，人権等，多岐にわたる分野を包含するものであるため，一般の教職員にとっては，理解しづらい，わかりにくい概念となっている．ESDはあくまでも教育理念であり，個別の環境学習，防災学習などの現代的な課題を包括した傘概念として，また，現代の教育の方向性を示す方向概念として，理解されていないところに，その要因がある．しかも，個々の学習だけを取り上げると，はたしてそれがESDの実践であるのか，単に体験しているだけ，参加しているだけ，交流しているだけではないのか等の批判も存在する．個々の教育活動においても，何らかの共通項をはっきりさせない限り，ESD実践としての価値を理解されることが難しいと言える．

　第二は，目指すべきコンピテンシーも多様であり，ESDの意義が明確化されていないことである．現代の日本の教育は，新学習指導要領で見られるように，コンテンツではなくコンピテンシーベースである．ESDの目指すコンピテンシーと現代の教育課題に応じたコンピテンシーに大差はなく，コンピテンシーベースで考えれば，新たな教育課題に対応したどのような教育活動（グローバル化に対応した教育，リスク社会に対応した教育等）においても，ESDで目指す力と同様になる．したがって，ESDにおいて中心となる育成すべきコンピテンシーを明確化することが必要である．

　以上の課題を踏まえ，今回改訂された総合的な学習の時間とESDは，どのように関連されるのか，次に検討していく．

第3節

「総合的な学習の時間」とESD

「総合的な学習の時間」は、これまで、「学校が地域や学校、児童生徒の実態等に応じて、教科等の枠を超えた横断的・総合的な学習とすることと同時に、探究的な学習や協働的な学習とすることが重要である」とされてきた（平成29年版学習指導要領解説　総合的な学習の時間編）。今回の改訂では、特に、探究的な学習の一層の充実を図ると共に、総合的な学習において育成される資質・能力を明確化し、各教科等との関連を明らかにすること等を趣旨に改訂されている。総合的な学習の時間とESDの関連について、総合的な学習の時間の目標等の記述内容から検討しよう。

1. 平成29年版「総合的な学習の時間」の特徴

○平成29年版「総合的な学習の時間」の目標

> 第1　目標
> 　探究的な見方・考え方を働かせ、横断的・総合的な学習を行うことを通して、よりよく課題を解決し、自己の生き方を考えていくための資質・能力を次のとおり育成することを目指す。
> (1) 探究的な学習の過程において、課題の解決に必要な知識及び技能を身に付け、課題に関わる概念を形成し、探究的な学習のよさを理解するようにする。
> (2) 実社会や実生活の中から問いを見いだし、自分で課題を立て、情報を集め、整理・分析して、まとめ・表現することができるようにする。
> (3) 探究的な学習に主体的・協働的に取り組むとともに、互いのよさを生かしながら、積極的に社会に参画しようとする態度を養う。

各教科と同様に、最初に学習指導の過程を示したうえで、育成すべき資質・能力を「知識及び技能」、「思考力、判断力、表現力等」、「学びに向かう力、人間性等」の三つの柱で示している。

最初の学習指導の過程に関しては、改訂の趣旨に示したとおり、探究的な学習の一層の充実を図るために、文頭に「探究的な見方・考え方」を働かせ、と

いった文言が明記されている．「探究的な見方・考え方」について，解説では次の2点が示されている．第1は，「各教科等における見方・考え方を総合的に働かせることである．」，つまり，各教科等に示されている見方・考え方を，探究的な学習の過程においても，総合的に繰り返し活用させることである．第2は，「総合的な学習の時間に固有な見方・考え方を働かせることである．」，つまり，特定の教科では捉えられない広範な事象を，多様な角度から捉え，考えさせることである．このような「探究的な見方・考え方」を働かせ，横断的・総合的な学習を行うのである．そのような学習では，特定の教科で捉えることが難しい探究課題を設定することが必要となる．また，設定された課題を追究することを通して自己の生き方を考えることにつながる探究課題であることも必要条件であると言えるであろう．

　また，このような学習指導の過程によって育成される資質・能力に関しては，これまで具体的に示されてこなかった(1)「知識及び技能」については，総合的な学習の時間だから獲得できる知識・技能を明確化し，概念形成を目指すことが明記された．つまり，各教科等で獲得された個別的・事実的知識を関連付け，構造的に概念化を図ることが目指されているのである．合わせて，修得した概念を実生活の課題解決に活用し，探究的な学習が生活に深く関わっていることを理解させることも求められている．

　また，(2)「思考力，判断力，表現力等」については，探究的な学習の過程をおいて発揮される力として示されている．つまり，実社会や実生活の課題を探究のプロセス（課題設定→情報の収集→整理・分析→まとめ・表現）を通して，実際に考え，判断し，表現することで身に付くとされている．しかし，知識・技能が十分に活用されなかったり，複数の知識・技能を組み合わせ活用させたりすることのない実践では，表面的で這いまわる学習に陥り，思考力等が身に付かないことも否定できない．したがって，明確化された知識・技能を活用する探究のプロセスを明らかにすることが求められる．

　さらに，(3)「学びに向かう力，人間性等」の態度面では，探究のプロセスの中で主体的・協働的に取り組むことで，よりよい課題の解決につながることが期待されている．また，そのような学習を通じて，自ら社会との関わりを自

覚させ，社会参画しようとする意志，社会を創造する主体としての自覚が求められているのである．

以上の2017年版学習指導要領　総合的な学習の時間編の特徴を整理すると，次の文言が授業構成上の視点となる．

> a．探究課題，b．探究のプロセス，c．構造的な概念，
> d．社会参画・社会創造の主体者

以上の視点に応じて，ESDとの関連について検討しよう．

2.「総合的な学習の時間」の特徴とESD

　ESD自体，先述したように，現代社会のさまざまな課題への取り組みをベースにしつつ，環境，経済，社会の各側面から学際的かつ総合的に取り組むことを求めている．このことは，ESDと総合的な学習の時間との内容的近似性が高いことを示している．しかし，先述したようにESDといった包括的概念が実践現場では曖昧な教育として捉えられ，明確な共通項を示すことができなかったことが課題であった．

　したがって，総合的な学習の時間における**a．探究課題**に関しては，①ESDの基本概念である「持続可能性」に基づく探究課題を設定することである．

　内容的共通項として「持続可能性」に基づけば，ESDに関する学習活動は，対象にした社会的・自然的事象が今後も持続するための学習となり，単なる体験を目的とする学習ではなくなる．「持続可能性」の観点から，これまでの学習を，「経済開発・社会開発・環境保全」といったSDの構成要素からとらえ直すことで，ESDとしての探究課題を選定することが可能となる．また，現在，持続可能な社会構築に向けて，SDGs（持続可能な開発目標）が設定されている．2015年9月の国連サミットにおいてSDGsが採択され，2030年を期限とする包括的な17の目標（1貧困，2飢餓，3保健，4教育，5ジェンダー，6水・衛生，7エネルギー，8成長・雇用，9イノベーション，10不平等，11都市，12生産・消費，13気候変動，14海洋資源，15陸上資源，16平和，17実施手段）が設定され，

これらの17の目標下に，さらに細分化された169のターゲットが示された．これらの目標とターゲットは，国際社会全体が取り組むべき目標として新たに設定されたものである．したがって，これらの目標に適う探究課題を設定すれば，「総合的な学習の時間」の学習が，より真正の学習としての価値を高めると言える．

　b．探究プロセスに関しては，横断的・総合的な探究プロセスと知識・技能活用による探究プロセスに分かれる．前者に関して，「持続可能性」に基づく課題，例えば，地震等の自然災害に関する課題は，プレートや地殻変動といった自然的要因だけでなく，災害を引き起こし拡大する乱開発や法規制の不備といった社会的要因を含んだ，特定の教科だけで捉えることができない多面性のある課題である．したがって，理科の見方・考え方や社会的見方・考え方等の②様々な見方・考え方を横断的・総合的に活用し，「持続可能性」に基づく課題を追究することが必要となる．後者に関して，知識・技能を活用し「持続可能性」に基づく課題を追究するには，「持続可能性」が低下・喪失した状態を多面的に認識した上で，課題の要因を批判的に追究し，「持続可能性」が回復・発展するよう対案を構想するといった③「持続可能性」の低下・喪失した状態から回復・発展を図るよう知識・技能を活用することが望まれる．このような学習を通して，持続可能な社会に対する批判的思考力や対案形成力といったESDにおいて育成すべきコンピテンシーが明確化される．

　c．構造的な概念に関しては，④各教科等によって獲得された「持続可能性」に関する知識を関連づけ，構造的な概念として示すことである．b．探究のプロセスにおいて示したように，ESDにおける探究のプロセスは，「持続可能性」が低下・喪失した状況から回復・発展を図る取り組みである．理科，社会科等の様々な学習で獲得された知識を，SDの構成要素である経済開発，社会開発，環境保全といった観点から捉え直し，構造的な概念として示すことで，どのような観点をどのようにして，「持続可能性」の回復・発展を図ればよいのか明らかにすることができる（図8-4）．

　図8-4では，「持続可能性」の低下・喪失した社会が，環境保全，経済開発，社会開発の観点から持続可能な社会へ回復，発展を図るための概念的枠組みを

示している．概念を構造的に示すことで「総合的な学習の時間」に獲得すべき固有の知識内容が明確化されることが期待できる．

d. 社会参画・社会創造の主体者に関しては，まず，⑤「持続可能性」に基づく探究課題と子どもたちの実生活との関連を明確にすることが必要となる．生活面とつながりのある課題だからこそ，実感を持って課題を主体的に探究しようとするのである．そして，⑥「持続可能性」が回復・発展するよう対案を構想し，各々の対案について評価し，改善に向けて行動する活動を位置付けることで，持続可能な社会に対する個人の評価と行動の変容（図8-4）を促し，持続可能な社会構築の担い手としての自覚を高めることが期待できる．

以上の検討に基づき，ESDの視点に基づく「総合的な学習の時間」の学習モデルは次のように構成できる．探究のプロセスに応じて①〜⑥の留意点を位置付けると次のようになる．

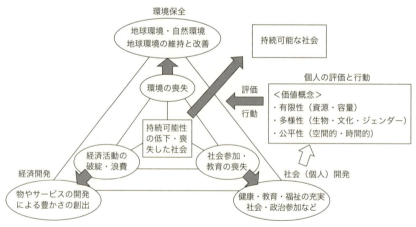

図8-4　持続可能な社会の概念的枠組み（筆者作成）

第4節

ESD の視点に基づく「総合的な学習の時間」の学習モデル

〈目標〉

3観点	ESD の視点に基づく資質・能力
知識及び技能	・各教科等で獲得された「持続可能性」に関する知識を関連づけ，持続可能な社会の構造を理解する． ・「持続可能性」に基づく探究課題を様々なメディアから情報を収集・選択して課題解決に生かすことができる．
思考力，判断力，表現力等	・「持続可能性」の低下・喪失した社会の問題点について考え，様々な情報を整理・分析して，「持続可能性」が回復・発展するための対案を構想することができる．
学びに向かう力，人間性等	・身近な生活や地域の中から「持続可能性」に関わる課題を見つけ，課題解決に向けて主体的・協働的に取り組もうとする． ・「持続可能性」が回復・発展するための対案について協議し，協働で対策について考え，行動することで，持続可能な社会づくりの主体者としての意識を高める．

⬇

〈探究のプロセス〉

	学習活動	留意点
課題の設定	○自らの生活や地域について振り返り，「持続可能性」に関する問題を見つける． ○各々の問題を交流し，探究課題を設定する．	① ESD の基本概念である「持続可能性」に基づく探究課題を設定する ⑤「持続可能性」に基づく探究課題と子どもたちの実生活との関連を明確にする
情報の収集	○課題解決に向けて，課題と関連した各教科の既習事項について想起すると共に，様々なメディアから必要な情報を収集・選択する．	②様々な見方・考え方を横断的・総合的に活用し，「持続可能性」に基づく課題を追究する

整理・分析	○選択した情報から「持続可能性」の低下・喪失した社会を構造的にまとめる. ○「持続可能性」の低下・喪失した社会の問題点を特定する.	③「持続可能性」の低下・喪失した状態から回復・発展を図るよう知識・技能を活用する ④各教科等によって獲得された「持続可能性」に関する知識を関連づけ，構造的な概念として示す
まとめ・表現	○「持続可能性」が回復・発展するための対案を構想する. ○構想した対案について交流・評価すると共に，自らの生活について振り返り，「持続可能性」を高めるために，どのように行動すべきか考えをまとめ，行動する.	⑥「持続可能性」が回復・発展するよう対案を構想し，各々の対案について評価し，改善に向けて行動する活動を位置づける

　以上の学習モデルは，ESDの視点に基づく「総合的な学習の時間」における基本的な探究のプロセスを示しているに過ぎない．当然，例えば，対案を交流する場面において，新たな探究課題が生まれ，繰り返し追究することも予想される．今後，このような学習モデルに基づく「総合的な学習の時間」の授業が開発・実践されることで，持続可能な社会構築の担い手としての資質・能力が育成されるだけでなく，真正の学習として「総合的な学習の時間」の意義が更に高まることが期待できる．

参考文献
日本ユネスコ国内委員会『ユネスコスクールと持続発展教育（ESD）』日本ユネスコ国内委員会，2011年.
「国連持続可能な開発のための教育の10年」関係省庁連絡会議『国連持続可能な開発のための教育の10年（2005〜2014年）ジャパンレポート』，2014年.
阿部治（監），荻原彰（編）『高等教育とESD』大学教育出版，2011年.
田中治彦・三宅隆史・湯本浩之編著『SDGsと開発教育:持続可能な開発目標ための学び』学文社，2016年.
佐藤真久・田代直幸・蟹江憲史編著『SDGsと環境教育:地球資源制約の視座と持続可能な開発目標のための学びSDGsと環境教育』学文社，2016年.

第9章

「総合的な学習の時間」とNIE

表 9-1 日刊紙の発行部数 （ ）：成人1000人あたりの部数　2016（平成28）年

1 インド 3億7146万部（397.9部）	4 ドイツ 1507万部（212.5部）	
2 日本 4328万部（391.2部）	5 イギリス 820万部（153.0部）	
3 アメリカ 4042万部（157.4部）	6 ブラジル 717万部（44.8部）	

（『朝日ジュニア学習年鑑2018』朝日新聞出版, 2018年, p.189）

　新聞大国・日本．日刊紙の1日あたりの発行部数及び成人1000人あたりの部数でみると，日本はインドに次いで世界第二の新聞大国である．児童生徒にとっても，新聞は身近にある情報メディアの一つであり，家庭にあって保護者，街角にあって大人が新聞を手にする姿を日常的に見ているものと思われる．

　本章では，その新聞と学校教育との関わりについて概観する〔第1節〕とともに，児童生徒と新聞との関わり方が『読む』から「見る」へと変容している学習状況をもとに新聞を教育に取り入れるNIEの必要性について述べる〔第2節〕．そして，児童生徒による探究を方法原理とし自己の生き方を考える資質・能力を育成する「総合的な学習の時間」とNIEとの関わりについて述べ〔第3節〕，特色ある実践事例のよさに学ぶための課題を提起していく〔第4節〕．

第1節

新聞教育の一環としてのNIE（newspaper in education）

　新聞を活用した教育指導の全てがNIEではなく，NIEは新聞教育と総称される教育指導の一形態である．新聞教育の意味について，秋川陽一「新聞教育」〔安

彦忠彦他編集『新版　現代学校教育大事典』第4巻，ぎょうせい，2002年，pp.197-198〕による説明から引用すると，次のとおりである．

【意味】①児童生徒が学校新聞・学級新聞等を作成する過程で教師の行う教育（指導・助言・援助等），または②一般商業紙を教材として活用する教育（NIE：newspaper in education＝「教育に新聞を」の実践）を指す．

　同事典によると，1950（昭和25）年結成の「全国高等学校新聞連盟」を嚆矢とし1962（昭和37）年以降「全国新聞教育研究協議会（全新研）」が中心となって展開してきた教育実践運動①は沈滞化した．②は，その沈滞を活性化するものとして，日本新聞協会が先進地・アメリカ合衆国で1930年代から始められていたNIEに倣って1985（昭和60）年に日本版NIEとして提唱したものである．以降，日本新聞協会によるNIE全国大会の開催〔1996（平成8）年以降〕や財団法人日本新聞教育文化財団の設立〔1998（平成10）年〕等，①の新聞教育も巻き込んで新聞教育全体が活性化してきている，と説明されている．

　無から有は生じない．①の新聞教育は，第二次世界大戦の敗戦後，言論・報道の自由の回復，教育の民主化といった社会変革と教育改革の潮流の中，児童生徒による探究・生き方の表明という強い指向性を持っていた．例えば，1947（昭和22）年6月の学習指導要領社会科編では中学校第一学年の学習活動例として学校新聞づくりを挙げ，次のように説明を加えている〔上田薫編集代表『社会科教育史資料1』東京法令，1988年8月復刻版，p.300〕．

（四六）　学校新聞をつくり，各学年並びに校内の同好会各部（運動競技・演劇，趣味等）から通信員を出すこと．紙の問題は考える必要はない．学校新聞はたとえ部数が少なくて，各教室の広報板に一枚ずつ貼る壁新聞の程度でも価値がある．

　「自分たちの学校生活を改善し民主化しようとする態度を育てること」を目標とし，教材として「われわれは学校において民主的な生活をどのように実践し，それを高めることができるか」〔同上書，p.298〕を位置付けた学習活動の一例として示された生徒主体による学校新聞づくりには，新聞記事の切り抜きを補助教材として利用する教師主体による新聞活用では見落とされてしまいが

ちな，確かで豊かな学びの地平が広がっていたものと考えることができる．

　日本新聞教育文化財団は，『総合的な学習の時間に関する調査結果』〔2003（平成15）年2月〕の中で，「総合的な学習の時間」の目的である「生きる力」「自ら考える力」等を育成するうえで，新聞教育（NIE）が極めて有効である点を指摘した．そして，2006（平成18）年には，日本NIE学会が，「総合的な学習の時間」に限らず「新聞を教育に活用することに関する研究，調査，教育実践ならびにその会員相互の協力を促進し，我が国の教育の発展及び文化の向上に貢献することを目的」〔日本NIE学会規約第3条〕として創設され，今日に至っている．

　「総合的な学習の時間」とNIE．本節で概観した新聞教育の一環としてのNIEを「総合的な学習の時間」にどう活かしていけばよいのだろうか．

第2節

児童生徒と新聞

－教育に新聞を取り入れるNIEの必要性－

　「紙の問題は考える必要はない」と記された1947（昭和22）年から72年が経過した現在，当時とは異なる意味で「紙の問題は考える必要はない」世界第二の新聞大国・日本に生きる児童生徒は，新聞とどのように関わっているか．

　本節では，「全国学力・学習状況調査」〔2018（平成30）年4月実施〕で明らかにされている小6児童・中3生徒の新聞との関わり方の変容を示すとともに，「総合的な学習の時間」に通底する資質・能力の一つである「思考力，判断力，表現力等」にかかる国語科・算数科・理科の学力状況（B問題：「知識・技能を実生活の様々な場面に活用する力や，様々な課題解決のための構想を立て実践し評価・改善する力」を測る問題）をもとにNIEの必要性を述べていく．

1．児童生徒と新聞との関わり ──『読む』から「見る」への変容──

　表9-2は，質問紙調査項目「新聞を読んでいますか」にかかる回答状況を示したものである．小学校6年生にあって，「ほぼ毎日読む」児童は平成25（2013）

表 9-2 「新聞を読んでいますか」への回答状況（％）

小：小学校 6 年生　中：中学校 3 年生

	ほぼ毎日読む	週 1 〜 3 回程度読む	月 1 〜 3 回程度読む	殆ど又は全く読まない
平 30	小：7.5　中：5.0	小：12.6　中：9.2	小：19.0　中：15.3	小：60.7　中：70.1
平 29	小：8.0　中：5.5	小：13.3　中：9.7	小：19.3　中：15.5	小：59.4　中：69.1
平 28	小：9.0　中：6.7	小：15.2　中：17.6	小：21.2　中：17.6	小：54.5　中：63.5
平 27	小：8.9　中：7.0	小：15.1　中：12.2	小：21.9　中：19.0	小：54.0　中：61.5
平 26	小：10.1　中：8.2	小：17.2　中：13.3	小：22.3　中：19.1	小：50.2　中：59.1
平 25	小：12.2　中：10.3	小：19.6　中：15.3	小：22.2　中：18.9	小：45.9　中：55.2

（文部科学省　国立教育政策研究所『平成 30 年度　全国学力・学習状況調査報告書』2018，p.112　掲載資料をもとに筆者作成）

年と平成30（2018）年とを比較すると12.2％から7.5％へ4.7ポイント減少し，「殆ど又は全く読まない」児童は45.9％から60.7％へ14.8ポイント増加していることが読み取れる．また，中学校 3 年生にあっても，「ほぼ毎日読む」生徒は10.3％から5.0％へ5.3ポイント減少し，「殆ど又は全く読まない」生徒は55.2％から70.1％へ14.9ポイント増加していることが読み取れる．現在，小・中の各学校種での最終学年を迎えた児童生徒の半数以上は，新聞を「殆ど又は全く読まない」学習状況にあるといえる．

他方，質問紙調査項目「テレビのニュース番組やインターネットのニュースを見ますか」にかかる回答状況を示した表9-3からは，真反対な児童生徒の学習状況を読み取ることができる．電子版新聞を「よく見る」児童生徒は平成25（2013）年以降の 6 年間に亘って半数以上という高さ，「殆ど又は全く見ない」児童生徒は 5 ％前後という低さで継続している．現在，小・中の各学校種での

表 9-3 「電子版新聞を見ていますか」への回答状況（％）

小：小学校 6 年生　中：中学校 3 年生

	よく見る	時々見る	あまり見ない	殆ど又は全く見ない
平 30	小：57.3　中：52.6	小：28.9　中：34.0	小：8.4　中：8.6	小：5.1　中：4.1
平 29	小：54.5　中：51.9	小：30.0　中：34.8	小：9.4　中：8.6	小：5.9　中：4.4
平 28	小：57.3　中：55.2	小：29.1　中：32.3	小：8.4　中：8.0	小：5.1　中：4.0
平 27	小：53.0　中：49.3	小：31.4　中：34.6	小：9.5　中：10.1	小：6.0　中：5.3
平 26	小：53.8　中：48.3	小：30.9　中：33.9	小：9.3　中：10.8	小：5.7　中：6.2
平 25	小：53.3　中：52.2	小：31.3　中：32.5	小：9.4　中：9.4	小：5.9　中：5.1

（文部科学省　国立教育政策研究所『平成 30 年度　全国学力・学習状況調査報告書』2018，p.113　掲載資料をもとに筆者作成．なお，本図表では質問項目にある「テレビのニュース番組やインターネットのニュースを見る」を「電子版新聞を見る」と読み替えて表記している．）

表 9-4　学年進行による新聞との関わり方の変容

同一母集団 小6→中3	新聞		電子版新聞	
	ほぼ毎日読む	殆ど又は全く読まない	よく見る	殆ど又は全く見ない
平27→平30	8.9 → 5.0	54.0 → 70.1	53.0 → 52.6	6.0 → 4.1
平26→平29	10.1 → 5.5	50.2 → 69.1	53.8 → 51.9	5.7 → 4.4
平25→平28	12.2 → 6.7	45.9 → 63.5	53.3 → 55.2	5.9 → 4.0

（文部科学省　国立教育政策研究所『平成30年度　全国学力・学習状況調査報告書』2018, p.112　掲載資料をもとに筆者作成）

最終学年を迎えた児童生徒の半数以上は，紙媒体の新聞を『読む』のとは対照的に，電子版新聞を「見る」学習状況にあるともいえる．

小6から中3への学年進行による同一母集団内での変容（表9-4）に着目すると，児童生徒と新聞との関わり方の変容は，新聞を『読む』から電子版新聞を「見る」への変容にある，と言い表すことができる．電子版新聞にあって,「よく見る」比率に減少が見られるものの，小6から中3への学年進行に伴い，新聞を「殆ど又は全く読まない」比率が増加し，電子版新聞を「よく見る」比率が一貫して半数以上を占めていることが読み取れる．殊に，平成30（2018）年にあって新聞を「殆ど又は全く読まない」中3生徒（70.1％）が小6児童の時は54.0％であったこと，その小6児童の比率は表9-2にあるように54.5％，59.4％，60.7％へと近時3年間で増え続けていることを考え併せると，新聞を「殆ど又は全く読まない」中3生徒の比率は高まっていくことが推察される．

2. 新聞を教育に取り入れるNIEの必要性

新聞を『読む』から電子版新聞を「見る」への児童生徒の変容は，何を招来することになるか．端的に言えば，「知識・技能を実生活の様々な場面に活用する力や，様々な課題解決のための構想を立て実践し評価・改善する力」という「思考力，判断力，表現力等」にかかる資質・能力が低下するという問題が顕在化する可能性があるということである．

表9-5と表9-7は小学校，表9-6と表9-8は中学校のB問題にかかる学力状況を示したものである．新聞と電子版新聞との別なく，読む・見る頻度が多い

表 9-5　新聞を読む状況と平均正答率との関わり　小学校　2018（平成 30）年

	国語A	国語B	算数A	算数B	理科A	理科B
ほぼ毎日読む	78.8	62.6	72.8	62.3	83	63.4
週1～3回読む	76.3	60.3	69.2	58.4	82.2	60.9
月1～3回読む	72.4	56.3	64.9	53.2	79.7	57.3
殆ど又は全く読まない	68.4	52.4	61.2	48.7	76.3	54.3

〔文部科学省　国立教育政策研究所『平成30年度　全国学力・学習状況調査報告書』2018, p.182　掲載資料をもとに筆者作成〕

表 9-6　新聞を読む状況と平均正答率との関わり　中学校　2018（平成 30）年

	国語A	国語B	数学A	数学B	理科A	理科B
ほぼ毎日読む	80.7	67.6	74.1	56.5	74.6	71.2
週1～3回読む	80.3	66.8	72.8	54.8	73.8	70.6
月1～3回読む	77.9	63.3	68.8	50	70.5	67.3
殆ど又は全く読まない	75.6	60.5	65.1	45.8	66.7	64

〔文部科学省　国立教育政策研究所『平成30年度　全国学力・学習状況調査報告書』2018, p.182　掲載資料をもとに筆者作成〕

表 9-7　電子版新聞閲覧状況と平均正答率との関わり　小学校　2018（平成 30）年

	国語A	国語B	算数A	算数B	理科A	理科B
よく見る	72.6	56.4	65.1	53.4	79.3	57.6
時々見る	70.3	54.5	63.1	51.2	77.9	55.9
あまり見ない	66.6	50.6	60.4	47.4	74.8	53.1
殆ど又は全く見ない	64.3	47.7	58.7	44.7	72.3	51.6

〔文部科学省　国立教育政策研究所『平成30年度　全国学力・学習状況調査報告書』2018, p.182　掲載資料をもとに筆者作成〕

表 9-8　電子版新聞閲覧状況と平均正答率との関わり　中学校　2018（平成 30）年

	国語A	国語B	数学A	数学B	理科A	理科B
よく見る	78	63.5	68.5	49.7	70.2	67.2
時々見る	75.9	61	65.8	46.6	67.2	64.3
あまり見ない	73.4	58.4	63.8	44.2	64.7	61.8
殆ど又は全く見ない	70.8	55.7	61.6	41.8	62.3	59.7

〔文部科学省　国立教育政策研究所『平成30年度　全国学力・学習状況調査報告書』2018, p.182　掲載資料をもとに筆者作成〕

ほど高得点であり，両者の別に着目すると，新聞を読む児童生徒の方が全ての教科・頻度に亘って高得点であることを読み取ることができる．例えば，『よく読む』・「よく見る」で比較した場合，小学校・国語Bでは7.2ポイント，算数Bで8.9ポイント，理科Bで5ポイント，中学校・国語Bでは14.1ポイント，数学Bで6.8ポイント，理科Bで4.0ポイント，新聞を『よく読む』児童生徒の方が

高得点である．殊に，国語Bでは，小・中で6.9ポイントも得点差が拡大していることから，新聞を『よく読む』ことと国語科の「思考力，判断力，表現力等」の基盤を成す読解力とには深い関連があるものと考えることができる．

2017（平成29）年3月に告示され，小学校で2020年度，中学校で2021年度から全面実施される新学習指導要領「国語」では，学習内容の改善・充実を図る指導事項の一つとして「情報の扱い方」を挙げ，その背景として「教科書の文章を読み解けていない」児童生徒の姿を援用している〔文部科学省『小学校学習指導要領（平成29年告示）解説　国語編』東洋館出版社，2018年，p.8．同上書：中学校，2018年，p.8〕．

文章等の情報を的確に理解することを通して自らの生き方を考える「総合的な学習の時間」にあって，NIEの必要性は一層高まっていくものと考えられる．

第3節

児童生徒の探究の場「総合的な学習の時間」とNIE

表9-9に示すように，近時2年度間の児童生徒の学習経験として「地域のことを調べたり地域の人と関わったりする」活動が多くなってきている．「当てはまる」「どちらかと言えば当てはまる」との肯定的な回答が，小学校で74.2％，中学校で68.0％を占め，殊に中学校にあって前年比14.9ポイントもの増加を示していることは，「総合的な学習の時間」の探究の場として地域が位置付いていることの反映であると推察される．また，質問紙調査項目「地域や社会をよくするために何をすべきか考えることがありますか」にかかる回答状況（表9-10）からは，平成25（2013）年と平成30（2018）年との比較で，肯定的な

表9-9　「5年生まで〔1，2年生のときに〕に受けた授業や課外活動で地域のことを調べたり，地域の人と関わったりする機会があったと思いますか」への回答状況（％）

	当てはまる	どちらかと言えば当てはまる	どちらかと言えば当てはまらない	当てはまらない
平30	小：40.0　中：31.2	小：34.2　中：36.8	小：18.3　中：22.2	小：7.3　中：9.7
平29	小：34.4　中：19.2	小：35.6　中：33.9	小：21.7　中：31.9	小：8.0　中：14.4

〔文部科学省　国立教育政策研究所『平成30年度　全国学力・学習状況調査報告書』2018，p.110　掲載資料をもとに筆者作成〕

表 9-10 「地域や社会をよくするために何をすべきか考えることがありますか」への回答状況（％）　　　　　小：小学校　中：中学校

	当てはまる	どちらかと言えば当てはまる	どちらかと言えば当てはまらない	当てはまらない
平 30	小：17.3　中：10.7	小：32.6　中：28.1	小：33.0　中：39.4	小：17.0　中：21.7
平 29	小：14.8　中：9.8	小：27.5　中：23.6	小：35.6　中：38.8	小：21.9　中：27.6
平 27	小：14.9　中：8.8	小：30.0　中：17.6	小：36.0　中：41.4	小：19.0　中：25.6
平 26	小：13.7　中：8.6	小：28.9　中：22.8	小：36.8　中：41.1	小：20.5　中：27.4
平 25	小：12.4　中：7.1	小：26.3　中：19.8	小：37.1　中：41.0	小：24.1　中：31.9

〔文部科学省　国立教育政策研究所『平成30年度　全国学力・学習状況調査報告書』2018, p.111　掲載資料をもとに筆者作成〕

回答が小学校 6 年生にあって11.2ポイント，中学校 3 年生にあって11.9ポイントも増加し，それぞれ49.9％，38.8％を占めていることが読み取れる．2008（平成20）年告示の学習指導要領での「自己の生き方を考えることができるようにする」及び平成29（2017）年告示での「積極的に社会に参画しようとする態度を養う」という「総合的な学習の時間」の目標の達成状況及び準備状況は良好である．

その状況にあって，どのようなNIEが「総合的な学習の時間」の目標達成に資するか．目標達成に資する関わり方について 2 点記すと，次のとおりである．

1. 探究的な学習の各過程における《無理のない自然な NIE》

児童生徒の探究を方法原理とする「総合的な学習の時間」では，①課題の設定，②情報の収集，③整理・分析，④まとめ・表現，[1]新たな課題の設定…といった発展的な学習過程を辿っていく〔文部科学省『小学校学習指導要領（平成29年告示）解説　総合的な学習の時間編』東洋館出版社，2018, p.9〕．その各過程におけるNIEとしては，「今どのようなことが問題になっているか」新聞で調べたり切り抜いたりする活動（①②），「事実と説明とを読み解いて自分なりの結論（解決）を導き出す」新聞から学ぶ活動（③④），「自分なりの結論（解決）を仲間と共有する」新聞をつくる活動（④）として位置付けることが考えられる．

《新聞で調べる→新聞から学ぶ→新聞をつくる》各過程は，受容→解釈→発

信という無理のない自然な知的営みの一環であり，国語科での系統的な「読む」「書く」学習の成果を踏まえ，児童生徒の探究の場「総合的な学習の時間」とNIEとの関わりを構想していくことが必要であると考えることができる．

2. 国語科学習の成果を踏まえた《確かで豊かなNIE》

（1）読んで考えを形成する《確かなNIE》

　国語科学年目標「思考力，判断力，表現力等」では，自分の思いや考えの形成について，小学校低学年で「もつ」，中学年「まとめる」，高学年「広げる」，中1「確かなものにする」，中2・3「広げたり深めたりする」と設定し〔文部科学省『小学校学習指導要領（平成29年告示）解説　国語編』東洋館出版社，2018，pp.196-197〕，「読むこと」の言語活動例で新聞を例示しているのは，高学年と中学校2学年においてである〔『同上書』pp.206-207〕．

　前述した知的営みを当てはめると，低・中学年では受容・解釈までの過程を丁寧に繰り返し，高学年以降になって受容・解釈したことの発信にまで至らせていく，確かなNIEを構想していくことが求められる．

（2）書いて仲間と共有する《豊かなNIE》

　国語科「書くこと」では，文章に対する感想（小1～小6）や意見（小3～小6），助言（中1～中3）を仲間同士で伝え合う共有活動を通し，小学校で「自分の文章のよいところを見付けること」，中学校で「自分の文章のよい点や改善点を見いだすこと」を設定している〔『同上書』pp.204-205〕．

　ここでは，小学校1学年の「よいところを見付ける」から中学校3学年の「よい点や改善点を見いだす」まで9ヶ年の積み上げが意図されていることに留意したい．「総合的な学習の時間」の発展的な学習過程④「まとめ・表現」に位置付く《新聞をつくる：発信》にあって，相互評価は仲間との豊かなNIEを生み出す好機といえるが，高学年での共有が改善点の見いだしに至る助言の伝え合いになってしまっては，唯一の正解が存在しない課題に取り組んだ結論（解決）であるだけに，自分なりの結論（解決）に至った有用感や達成感が損な

われてしまう．反対に，中学校での共有がよいところ見付けに留まる感想や意見の伝え合いになってしまっては，やはり有用感や達成感の乏しい《新聞をつくる：発信》になってしまうことが推察される．相互評価を有用感や達成感といった心豊かな学びが得られる場とするためには，伝え合う内容について，感想を基盤に意見から助言へと，小・中の学校種に即した共有のさせ方で積み上げていく，豊かなNIEを構想することが求められる．

「総合的な学習の時間」が始まる小学校3学年にあって，「総合的な学習の時間」の授業時数70時間に比して国語科は245時間，加えて低学年で621時間もの蓄積が国語科にはあり，これらの学習経験をもとに「総合的な学習の時間」は始まる．そして，小学校4ヶ年で280時間，中学校3ヶ年で190時間，小・中7ヶ年における総計470時間の授業時数で「総合的な学習の時間」を運用していく．他方，小学校6ヶ年で1461時間，中学校3ヶ年で385時間，小・中9ヶ年における総計1846時間の授業時数で運用していく教科が，国語科なのである．

470時間と1846時間，「総合的な学習の時間」とNIEとの関わりは，新聞に記された文章を読む，自分の考えを文章に書いて新聞をつくるだけに，4倍近くの学習経験を経る国語科での「読む」「書く」学習成果を如何に踏まえるかということに帰結する．国語力を基盤に，その国語力を活用・発揮できるよう関連を図ることによって確かで豊かなNIEを生み出すことができると考えられる．

第4節

NIE実践事例に学ぶ

本節では，読者諸氏に課題を提起し，本章のまとめとする．表9-11は，特色ある先進的なNIE実践事例の指導計画を示したものである．与えられた課題であるだけに本来の探究とは異なるが，情報の収集→整理・分析→まとめ・表現の過程を辿ってみよう．そして，表現として新聞づくりにチャレンジしてみよう．NIEの第一歩は，自ら「読み」「書く」ことにあるからである．

課題は，Ⅰ「実践対象が小学校5・6学年・中学校1学年なのは的確である．その理由は何か．」，Ⅱ「本実践事例は第1節で記した学校新聞の理念を継承し

第4節 NIE実践事例に学ぶ 123

表9-11 問題発見型新聞と問題解決・提言型新聞を位置付けた指導計画

時間数：全16時間 ＋ 夏休み・秋休みにおける課外活動　対象：京都教育大学附属京都小中学校5，6，7年生

	学習活動	活動の概要
①	オリエンテーション・グループ顔合わせ	コミュニティの一員として活動することの意義を知る．
②③	課題設定・ブロックテーマ決定	コミュニティの課題を挙げて，ブロックテーマを決める．
④	グループテーマ決定	ブロックテーマを受けて，グループの取り組むテーマを決める．
⑤	取材の仕方・新聞のまとめ方	新聞記者から取材の仕方や記事の書き方を学ぶ．
夏休み	コミュニティの課題の調査（取材）	コミュニティの課題をインタビューや現地調査で調査する．問題を解決するために自分にできることを実践する．調査してわかったことや実践したことを新聞にまとめる．
	新聞作成（1回目）：問題発見型新聞	
⑥	実践発表・意見交換	グループ内で新聞をもとに個人実践の交流を行う．
⑦⑧	グループ提案作成	グループごとに提案をつくり，提案準備をする．
⑨⑩	ブロック内でグループ提案・意見交換	ブロック内でグループ提案を発表し，改善案を話し合う．
秋休み	コミュニティの課題の再調査（取材）	交流を通じて新たに出た課題に対して調査する．他のグループの提案やもらった意見を参考にできることを実践する．わかったことや実践したことを新聞にまとめ，自分の考えをまとめる．
⑪	新聞作成（2回目）：課題解決・提言型新聞	
⑫⑬	実践発表・意見交換	ブロック内で新聞をもとに個人実践の交流を行う．
⑭⑮	ブロック提案作成	ブロックごとに提案をつくり，提案準備をする．全体でブロック提案を交流し，自分たちにはどのような活動ができるのか話し合う．
	全体提案・意見交換	
⑯	振り返り	これまでの活動を振り返り，今後自分はどのようにしていけばいいのかを考える．

［橋本祥夫「社会参画能力を育成するNIE活動――総合的な学習における新聞づくりを通して――」日本NIE学会誌『日本NIE学会』第8号，2013（平成25）年3月，p.5　図表中の囲み表記や下線附記は筆者が加筆した．］

たものである．それは如何なる理念か．」の2つである．さあ，学び始めよう．

参考文献

文部科学省『小学校学習指導要領（平成29年告示）解説　総合的な学習の時間編』東洋館出版社，2018年．

文部科学省『小学校学習指導要領（平成29年告示）解説　国語編』東洋館出版社，2018年．

西川和孝「全国学力・学習状況調査に見られる総合的な学習の時間と各教科等との関連」文部科学省『初等教育資料』No.941，東洋館出版社，2016年6月，pp.50-53．

小原友行・髙木まさき・平石隆敏（編著）『はじめて学ぶ　学校教育と新聞活用』ミネルヴァ書房，2013年．

橋本祥夫「社会参画能力を育成するNIE活動―総合的な学習における新聞づくりを通して―」日本NIE学会『日本NIE学会誌』第8号，2013年3月，pp.1-11．

第10章

総合的な学習の時間の事例

第1節

小学校の実践事例：第4学年
―単元「『学びの森』を『学べる森』にしようプロジェクト」―

1. 単元の構想

(1) 本校の教育目標との関連

　本校では，学校教育目標を「地域に愛着と誇りを抱き，夢の実現に向け，自ら学びを求める児童の育成」としている．学校教育目標の実現に向けて，総合的な学習の時間においては地域の人，もの，こと（環境）を学習材とした「ふるさと学習」を展開し，児童たちに六つの資質能力や地域貢献意識の育成を図っている．第4学年では，未来を生きる児童たちへの思いや願いから地域の人が整備された学校林「学びの森」を題材とした．その設置や維持に携わって下さっている方々にゲストティーチャーとして来ていただき，児童が地域の方々の思いや願いにふれながら，地域の自然の良さ，地域と自己の関わりについて課題を設定し，解決する課題解決学習を展開していくことで，学校教育目標の「地域に愛着と誇りを抱くこと」の実現に有効と考えた．

(2) 学校林「学びの森」について

　「学びの森」は，平成24年，地域の方々の「児童たちに自然に触れ合ってほしい」「外で元気よく体を動かしてほしい」「ふるさとを大切に想ってほしい」

といった思いから造られた森（学校林）である．ここには、「水球ブランコ」や「ロープのぼり」といった手作りの遊具があり、自らが健やかな体を育む場、「かぶとむしの館」「オオムラサキの家」といった生き物と触れ合える場、「あじさい」の植樹場や「しいたけ」の栽培場，頂上では「やきいも場」など、収穫を喜びあったり、地域の人たちと交流したりできるスペースもある．また2017年度，頂上にバイオ式エコトイレが設置され、より長時間の活動も可能になった．「学びの森」が造られた当初は，環境整備を地域の方が中心となり行って下さっていたが，一昨年度からは，学習の一環として，児童も直接「学びの森」の環境づくりに関わり始めている．

　第4学年では，第3学年での「ふるさと学習」を活かし，より主体的に学びの森と関わり，学習課題を児童自ら設定することで，本校の特色ある教育資源，学校林「学びの森」のよさに気付かせ，地域に対する愛着をさらに高めることができると考えた．また実際に地域の人と関わりながら学習を進めることで，地域の人の温かさに気付き，自分たちが地域の方に温かく見守られながら生活を送っていることにもより深く感謝することができると考える．さらに，地域のよさを情報として発信することを通して，地域に対する誇りを持ち，自ら地域社会に関わろうとする意欲にもつながると考える．

　一方で，児童は「学びの森」があまり活用されていないという思いをもっている．そこで児童の願いをもとに，本年度は「『学びの森』をもっと『学べる森』にしよう」という単元を設定し，課題発見解決学習を行っていくことで，児童の郷土愛を高めていきたいと考えた．

(3) 児童の実態

　先に述べたように，本校では3年生から総合的な学習の時間に「ふるさと学習」に取り組んでいる．その中で本学年の児童は，第3学年の「西野の宝『梅林』を復活させようプロジェクト」において，地域の方々が進めておられる「梅林復活活動」について学習し，自ら「西野の宝『梅林』を地域に広めよう」という課題を設定して取り組んだ．具体的には，これまで梅林の復興に取組を進めてこられた地域の方に，梅林のいわれや歴史をインタビューや聞き取りを

行ったり，幼稚園児と一緒に梅の実を収穫し，梅干しや梅ジュース作りを地域の方々と一緒に行ったりした．また，完成した梅干しや梅ジュースを全校児童にふるまったり，西野梅林のイメージキャラクターである『うめいっきくん』を考案して西野梅林のイメージアップに取り組んだりした．さらには，地域のとんど祭りで，それらを商品として売る活動を行い，社会科「店ではたらく人びとの仕事」と関連付け，学んだ店の様子や店員の思いや願い，接客，工夫していること等について改めて振り返り，買い手のことを考えながら商品を売るという貴重な体験をすることもできた．学年末には，地域の方々と梅の植樹も行い，歴史ある「梅林」を復活させるための活動に参加した．

　このような学習活動を通して，地域環境のよさや人の温かさに気付き，地域に対する愛着を深めることができた．また，地域の方と度々活動を行ったことで，地域の方とのつながりもできつつある．しかし，第4学年の4月に実施したアンケートでは，先輩が取り組んできた『学びの森』については，地域の宝物，誇りであると思っている児童は22%で，西小学校にしかない特別なものという認識には至っていないことがわかった．

(4) 学びを支える授業のスタイル
①リーダー学習

　主に国語科や算数科，総合的な学習の時間の授業では，リーダー学習を取り入れている．思考を深める発問や切り返しの質問，意図的な指名以外は学習リーダーが授業の進行を行う．これは，教師が児童同士をつなぐファシリテーター役となり，できるだけ話さないように意識することや，児童に児童同士で学んでいるという意識をさせることをねらって行っている．また，教師が見守ることにより，児童同士の関わりあいを増やしたり，同世代の児童同士で説明される方が心にひびく説明であったり，児童にとってしっくりくる表現であったりすることで，わかりやすくなるということも大切な視点であると考える．

②思考を深める発問

　児童の思考を深めるために45分間の授業の中で「思考を深める発問」を一度するように意識している．「思考を深める発問」を投げかけることで，新たな

考えが生まれたり，視点や概念が変わったりするような発問を考えるようにしている．端的な答えではなく，「なぜ～」「どうして～」などと，一歩立ち止まって児童が考えを深めてからでないと答えられない発問をすることで，児童が友達と考えたり話し合わないといけない必然性がうまれ，児童の思考が深まっていくと考える．

(5) 単元の目標

学校林である「学びの森」が造られた背景にある地域の方の思いや願いを聞き，それらをベースにした「学びの森」を学習材とする課題を設定し課題解決に取り組むことを通して，育成したい六つの「資質・能力」を身に付ける．

(6) 育てたい資質能力・単元の評価規準（表 10-1-1）

		資質・能力	評価規準
知識及び技能		知識・技能	「学びの森」や西小学校ひいては，地域の自然の豊かさや地域を愛する人々の取組や願い，思いに気付いている．
思考力，判断力，表現力等		課題発見力	「学びの森」に対する地域の願いを聞き，「学びの森」をもっと「学べる森」にできるような課題を見付けるとともに，解決する過程の中で新たな課題を見付けている．
		論理的思考力	「学びの森」という名称で児童に定着していながら，何が学べるかよく知られていないという現状を関連付けしながら，学びの森でできる学習活動について考えている．
学びに向かう力人間性等	自分自身に関わること	主体性	「学びの森」をもっと「学べる森」にするために，自分ができることを考え，進んで活動している．
		自らへの自信	「学びの森」をもっと「学べる森」にするために，試行錯誤を繰り返しながらやりきり，達成できた自分の成長を認めている． 学習の成果等の広報活動を通して，「学びの森」を西小学校の自慢の宝として自覚し，これまで以上に地域に愛着をもっている．
	他者や社会に関わること	協調性	他者の様々な意見を受け止めて話し合い，「学びの森」の活用に向けて協力して，自分ができることに取り組んでいる．

2. 単元計画の実例

単元指導計画（全70時間）（表10-1-2）

	探究の過程 評価	学習活動	関連する教科等
梅林を3年生に伝えよう ⑥	課題の設定 課 まとめ 知自	○昨年度の梅林の学習でできなかったことを確認する活動を通して，課題を設定する（1） 【小単元の課題】自分たちのしてきた梅林の学習を3年生に伝えよう． ○梅林へのなかよし遠足の計画を立て，準備をする．（4） ○梅林へなかよし遠足に行き，学習したことを伝える．（時間外） ○なかよし遠足の振り返りをする（1）	
「学びの森」での学習活動を考えよう ⑳	課題の設定 課 情報の収集 整理・分析 主論 情報の収集 課協 整理・分析 主協 振り返り 知課	○「学びの森」へ行き，昨年度の学びの森ツアーのことを振り返る（1） ○昨年度の引き継ぎから，課題を設定する．（1） 「学びの森」をもっと「学べる森」にしよう 〜自分たちの宝物として，自慢できる場所にしよう〜 ○全校児童と全職員にアンケート調査をする．（4） ○アンケート結果の分析をし，活動内容を精選する．（2） ○「もっと学べる森」にするために学習計画を立てる（1） 【小単元の課題】「学びの森」での学習活動を考えよう． ○地域の方に「学びの森」について聞き取りをする．（1） ○「学びの森」に行き，実地調査をする．（3） ○「学びの森」での学習活動を考える．（4） ○「学びの森」の清掃活動を行う．（2） ○1学期の活動の振り返り，新たな課題への見通しをもつ．（1）	理科 あたたかくなると ・春の生き物について知る 国語 よりよい話し合いをしよう ・話し合いの仕方 国語 新聞をつくろう ・情報の整理の仕方 国語 自分の考えを伝えるには ・分かりやすい発表の仕方
「学びの森」ツアーをしよう ㉔	課題の設定 課 情報の収集 主 実行 自 整理・分析 論協 整理・分析 論協 振り返り 知課	○「学びの森」に行き，夏休み後の状況を確認する．（1） ○1学期の振り返りを行い，学習計画を立てる．（1） 　・「学びの森」学習活動ツアーを4年生で行い，改善する． 　・「学びの森」学習活動ガイドブックの製作をする． 【小単元の課題】「学びの森」ツアーの計画を立てよう． ○「学びの森」学習活動ツアーの準備をする．（2） ○「学びの森」学習活動ツアーを4年生で行う．（4） ○活動後の振り返りから，改善案を考える．（4） ○考えた学習活動をまとめた「学びの森」学習活動ガイドブックを作る．（11） 　・内容を検討する． 　・レイアウトを検討する． ○活動を振り返り，新たな課題への見通しをもつ．（1）	理科 すずしくなると ・秋の生き物について知る 国語 調べたことを整理し，発表しよう ・分かりやすい発表の仕方 国語 「クラブ活動リーフレット」を作ろう ・情報のまとめ方

「学びの森」報告会をしよう ⑳	課題の設定 [課]	○2学期までに取り組んできたことを振り返り，3学期の学習課題を設定する．(1)	[理科] 寒くなると ・冬の生き物について知る [国語] 「わたしの研究レポート」 ・情報のまとめ方
		【小単元の課題】「学びの森」の学習活動を紹介しよう．	
	情報の収集 [主論] 実行 [主協]	○「学びの森」学習活動ツアーの準備をする．(1) ○考えた学習活動のツアーをする．(6) （対象：1～3年生，地域の方，保護者，他校児童，幼稚園児） ○「学びの森報告会」の準備をする．(3)	
	実行 [主協] 情報の収集 [主] 整理・分析 [協] まとめ・創造・表現 [主協]	○地域の学びの森整備作業に参加した後，「学びの森」報告会をする．(1) ○取組の成果と課題を知るために，全校児童やツアー体験者にアンケートをとる．(2) ○アンケート結果を分析し，これまでの取組の成果と課題をまとめる．(2) ○3年生への引き継ぎの準備をする．(2)	
	実行 [主協] 振り返り [知自]	○3年生への引き継ぎ式をする．(1) ○1年間の活動を振り返り，新たな課題への見通しをもつ．(1)	

評価
　知…知識・技能　課…課題発見力　論…論理的思考力　主…主体性　自…自らへの自信　協…協調性

○児童をより主体的な学び手にするためのしかけ
①単元の中に，児童たちが課題を見つけ，解決方法を考えないといけないしかけをしこむ．

　例えば，第三次に行った「『学びの森』ツアーの計画を立てよう」では，ツアーの企画書をもとにツアーを行うグループとツアーを受けるグループ(3年生役)と客観的にツアーを見るグループに分かれて，まず4年生同士で実際にツアーをした．

　初めての「ツアーを行う」という活動だったのでツアーをしてもうまく説明できなかったり，準備物が足りなかったりして自分たちが思い描くようなツアーができなかった．

　そこで児童たちからは「ツアーがうまくいかなかったのでこれではダメだ．」「もっと時間配分を考えないといけない．」「見本を見せた方が良かった．」「他の班の意見を聞いてツアーを改善したい．」などの振り返りが出された．教師側からは予測できる失敗であっても，それをあえて提示せず児童自身が体験することで「どうしたらいいのだろう」と解決に向けてツアーの改善を考える必

然性や意欲が生まれ，より主体的に取り組むことができるようになった．
②他教科との関連を図る．

　国語科「新聞をつくろう」の学習において，インタビューやアンケートの仕方を学んだ．この学習をもとに全校児童にアンケートをとったり，地域の方にインタビューを行ったりした．さらに実際に「学びの森」に関するインタビューやアンケートをとったことが「学びの森」に関する新聞記事を書きたいという児童の意欲につながった．一方，図画工作科の「木々を見つめて」という単元では，題材として「学びの森の木々」をとりあげることでおのずと木々を細かく観察し，表現することを通して，森へのさらなる興味・関心を抱いたり，何度も通うことで森への愛着をもたせたりすることができた．まさに他教科への広がり，つながりと自らがこれをやりたいという主体的な学びにつながった．

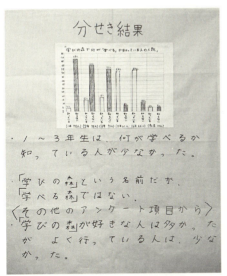

写真①　アンケート分析結果

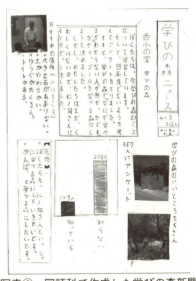

写真②　国語科で作成した学びの森新聞

3. 授業展開の実践例

【第21時／全70時間】
(1) 本時の目標

「学びの森」をもっと「学べる森」にするための学習活動を提案し、他者から意見や質問をもらうことで自分たちの活動案を再検討することができる。★
【論理的思考力】

(2) 本時で目指す「主体的・対話的で深い学び」の姿

他者との対話を通して、思考を深める発問である「学びの森」で学習活動をしないといけない理由について考えている姿．

(3) 準備物

自分の考えを書いた付箋、班で整理する画用紙

(4) 研究仮説に関わって

①学びを深める書く活動
 ・振り返りを書く際に授業で考えたことやこれからの活動に生かしたいことの視点で書くようにする．

②対話の充実
 ・理由や根拠を明確にしながら話し合いをさせる．分からないことやイメージできないところは質問したり、付け足し合ったりしながら話し合いをさせる．

学習の展開（表10-1-3）

学習活動	指導上の留意事項（・）「努力を要する」状況と判断した児童への指導の手だて（◆）	★望ましい姿【資質・能力】
1 前時までの学習を振り返る． 2 本時の学習課題を確認する．	・ゲストティチャーからのお話を簡単に振り返ることを通して、「学びの森」には地域の方々の思いや願いがこもっていることを意識させる．	
どのような学習活動を提案すれば、もっと「学べる森」になるのか？		

第1節 小学校の実践事例:第4学年 133

3 考えてきた活動案を班で交流する.	・付箋に書いた活動案を班で交流させながら, 似ている意見とちがう意見を分類する. ・一つの活動案に対して, 質問・意見・感想を伝えることを通して, 活動案に対してのイメージを明確にさせる. ◆主体的に話合いに参加できていない児童に寄り添い, 他の児童の意見や質問を参考にさせる.	★1. 論理的思考力 　提案に対して, 質問を考えたり, 質問に対して理由を答えたりしている.
4 全体で交流する. 学びの森では, オオムラサキやカブトムシなど昆虫のことが学べると思います. 	例えば, どんなことが学べますか？	
昆虫を観察することで昆虫の体のしくみに気付いたり, 昆虫の育ち方に気付いたりできると思います. 	・児童から出された意見を分類して板書する. ・机間指導をして, 児童の意見を把握しておき, 全体交流で意図的指名をする.	
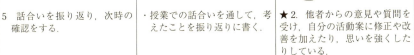 学びの森で活動することが大切だと思います. 学びの森で活動することで学びの森が好きになったり, 愛着をもったりすると思うからです. 	地域の方の願いや思いがこもった学びの森を活用してもらうことが大切だと思います.	
5 話合いを振り返り, 次時の確認をする.	・授業での話合いを通して, 考えたことを振り返りに書く.	★2. 他者からの意見や質問を受け, 自分の活動案に修正や改善を加えたり, 思いを強くしたりしている.

板書計画（表10-1-4）

```
学びの森をもっと学べる森にしよう．
  もっと学べる森にするために学習活動を考えよう．      なぜ学びの森で？

  国語  俳句              音楽  学びの森の歌をつくる．    ・西小の宝である「学
        森で音読                 森でリコーダーで演奏        びの森」に愛着や
        パンフレット             楽器つくり                  誇りをもってほし
        説明文                                                いから．
        紹介文            体育  学びの森サーキット      ・地域の方の願いが
                                ロープ登りで体力つくり      こもった森を活用
                                                            することを通して，
  図工  木の絵                                                その思いに応え
        風景画            理科  昆虫の体のつくり            るため．
        看板つくり              昆虫の一生              ・学びの森の良さを
        ポスターつくり          カブトムシ                  もっと多くの人に
        イメージキャラ          オオムラサキ                知ってほしいから．
        クターつくり            様々な植物の観察
```

児童の振り返り
・「学校の教室」で学ぶことと「学びの森」で学ぶことはそもそもちがうと思いました．今日みんなと話し合うことで自分の考えを広げることができたので，これからも話し合いを生かし，自分の考えを広げていきたいです．
・地域の方の願いや思いに応えられるような「学べる森」にしていかないといけないと思いました．

写真③　班交流（**KJ**法）

写真④　全体交流

【第36時／全70時間】
(1) 本時の目標
　「学びの森ツアー」をもっと良くするためにはどうしたらよいか，他者から意見や質問をもらいながら改善案を考えることができる．★【論理的思考力】
(2) 本時で目指す「主体的・対話的で深い学び」の姿
　他者との対話を通して，思考を深める発問である「これから先も学びの森を活用してもらえるかどうか」について地域の方の思いや願いを3年生に伝えることや，ガイドブックを作ることなど，次の学習につながる新しい活動を考えている姿．
(3) 準備物
　自分の意見・質問を記入した各班のツアー計画書
(4) 研究仮説に関わって　「主体的・対話的で深い学び」を目指して
　①学びを深める書く活動
　　・事前にツアーの企画書に改善点を書き込ませておく．
　　・振り返りを書く際に授業で考えたことやこれからの活動に生かしたいとの視点で書くようにする．
　②対話の充実
　　・理由や根拠を明確にしながら話し合いをさせる．わからないことやイメージできないところは質問したり，付け足し合ったりしながら話し合いをさせる．

学習の展開（表10-1-5）

学習活動	指導上の留意事項（・）「努力を要する」状況と判断した児童への指導の手だて（◆）	★望ましい姿【資質・能力】
1　前時までの学習を振り返る． 2　本時の学習課題を確認する．	・ゲストティーチャーのお話をふり返ることを通して，学びの森には地域の方々の思いや願いがこもっていることを意識させる．	
ツアーをよりよくするためには，どうすればよいだろうか？		

3 ツアーに対する意見や質問をグループで交流する．	・企画書への書き込みをもとに質問・意見・感想を伝えることを通して，改善案に対してのイメージを明確にさせる． ◆主体的に話し合いに参加できていない児童に寄り添い，他の児童の意見や質問を参考にさせる．	★1．論理的思考力 　ツアーの提案に対して，質問を考えたり，質問に対して理由を答えたりしている．
チャレンジロープは，危ないと思いますが，何か配慮することはありますか？	チャレンジロープは，危ないけど，やめてしまうと楽しくないし，体力もつかないのでやった方がいいと思います．だから，一人補助する人をつけようと思います．	
4　全体で交流する．	・児童から出された意見を分類して板書する． ・机間指導をして，児童の意見を把握しておき，全体交流で意図的指名をする．	

このツアー内容でこれから先も学びの森を活用してもらえる？

これから先も学びの森を活用してもらえると思います．楽しんでもらえそうな活動を考えたからです．

楽しんでもらえそうな活動を考えたけど，それだけではツアーが終わったら，もう活用してもらえないと思います．だから，ガイドブックを作成して配布すれば，興味をもってもらうことができ，この先も活用してもらえると思います．

地域の方々が「学びの森」を整備し始めたきっかけや思いや願いを伝えたいです．地域の方々の思いを知ることで「学びの森」をもっともっと大切に思ってくれるかもしれないからです．

5　話合いを振り返り，次時の確認をする．	・授業での話合いを通して，考えたことを振り返りに書く．	★2．他者からの意見や質問を受け，自分の活動案に修正や改善を加えたり，思いを強くしたりしている．

板書（表10-1-6）

```
学びの森をもっと学べる森にしよう．
┌─────────────────────────────┐ ┌─────────┐
│ツアーをよりよくするためにはどうすればよいだろうか？│ │これから先も？│
└─────────────────────────────┘ └─────────┘

┌─────┐ ┌─────┐        ○ツアーが終わると活用し
│計画書①│ │計画書②│         てもらえなくなると思う
│     │ │     │    ⇒    のでガイドブックを作成
│     │ │     │         して配る．
└─────┘ └─────┘
                        ○地域の方々の学びの森に
┌─────┐ ┌─────┐         対する思いも伝えたい．
│計画書③│ │計画書④│         伝えることで森を大切に
│     │ │     │         思ってもらいたい．
│     │ │     │
└─────┘ └─────┘
```

児童の振り返り
・改善案を話し合い，友だちからアドバイスをもらったのでそれを生かし，よりよいツアーにしたいなと思いました．
・私はこれから先，森を活用してもらうためには○○さんが言ったようにガイドブックを作るのもいいなと思いました．また，森を活用してもらうためにガイドブックに地域の方々の思いや願いものせたいと思いました．

写真⑤　リーダー学習

写真⑥　質問に答えるための対話

4. 実践事例でみられた児童の育ち

実践事例として示した授業を振り返り，次のように考察した．
①児童と一緒に学習計画を立てたり，児童の意見やアイディアをつなげたりして,児童が課題設定をして，児童の発信で授業や活動を進めていくことによって課題発見力や主体性が身に付いてきた．
②論理的思考力育成のために，総合的な学習の時間だけでなく，どの教科でも自分の意見をもつことや，質問に対して意見を言ったり，その意見に対して新たに質問や意見を言ったりするようにして，双方向性のある話し合いとなった．
　具体的には，改善案を話し合う場面で，いきなり各班に対して「～を～したほうが良い．」と改善点を提案する意見を取り上げるのでなく，「～は危険だと思うのですがどうしますか？」「どう工夫しますか？」など，相手の考えを尊重した質問を先行させることで，質問された班や児童が，学びの森の環境や企画書を根拠に質問者の納得を得るために論理的に思考し表現することが大切だと考えた．その結果，対話が活発になり，質問をする児童が増えたり，質問されても答えられる児童が増えてきている．
③常に地域の方々の願いや思いに気付かせることで，「地域の方々の思いに応えたい．」「地域の方々の思いや願いを他学年にも伝えなければならない．」「いつも整備してくださっている地域の方々に感謝をしないといけない．」など，地域の方々とのつながりを感じたり，自分達の地域を愛する心を育むことができていると感じる．

5. この後の展開

これからの学習として，①3学期にツアーを実施する．②報告会を行う．③アンケート分析と取組のふり返りを行うという単元計画にしている．学習計画は児童と一緒に立てているが，活動を行っていく中で新たな課題を発見した場合は単元計画を修正して児童主体で課題発見解決学習を行っていく．そのため

にも小単元のスタートとなるツアーの実施については，児童の「やりたい」という思いや願いを大切にし，ツアーに対する思いを高めていきたい．また，児童に付けたい資質・能力は，どの教科でもどの授業でも常に意識し，カリキュラム・マネジメントも意識しながら学びを構築していく．

今後も学校教育目標の「地域に愛着と誇りを抱き，夢の実現に向け，自ら学びを求める児童の育成」の実現に向けて自らの研鑽を深め，児童とともに一歩一歩あゆんでいきたい．

第2節

小学校の実践事例：第5学年
―単元「自分たちだけの演劇をつくりあげよう！」―

1. 子供の実態と単元の構想

(1) 実践の紹介にあたって

本校では，通例クラス替えが2年に一度であるため，総合的な学習の時間（以下，本節では「総合」とする）の学習は2年間を通して行うことができる．本節では，私が着任した2017（平成29）年度の実践で見られた子供たち（5学年：男子12名，女子9名）の様子をお伝えしたい．なお，本節で紹介する実践は，「総合の学習ってこうすればいいんだ．」という視点ではなく，「この場面，私ならもっとこうする．」，「こうすればどうなっていたのだろうか？」という視点でお読みいただけると幸いである．

(2) 子供たちの願いと私の願い

クラス替えをして5年生になり，着任したばかりの私を迎えた子供たち．4年生までの彼らを知らない私は積極的に話しかけ，一人ひとりを知ることから始めた．

そんなある日．「4年生のころまではペープサートやパネルシアターをやっていたんだよ．でも，ちゃんと発表しないまま終わってしまったんだよね．い

ろんな人に観てもらいたかったな…」という声が聞かれた．この声を他の子供たちにも伝えてみると，ほとんどの子が同じ想いを持っていることがわかった．さらに，「せっかく5年生になったんだからペープサートを続けるんじゃなくて，今度は自分たちでお話づくりをして，自分たちで演じてみたい！」という願いがクラス全体のものとなり，演劇づくりに挑戦することとなった．

　この時，私は演劇づくりを通して，子供たちには自分たちで判断して何かを決めたり，問題を解決したりしていけるようになっていってほしいと思った．なぜなら，給食が残っていれば「先生，どうすればいいですか．」と聞いたり，集会が始まる時間だとわかっていても，指示されるまで教室を出なかったりといった姿が見られたからである．加えて，ほとんどの子が自分の想いや願いを持っていてもそれを口にせず，発言力のある子に頼りがちになっていることも気になっていた．そのため，この演劇づくりでは，一流の演者を育てたりクオリティの高い演劇を完成させたりすることを目指すのではなく，一人ひとりが発案し，友達と意見や考えをぶつけ合いながら納得のいく結論を導き出し，最後までやり抜く姿を目指したいと考えた（4月当初に考えたおおよその年間指導計画は，本節の最後に資料として提示している）．

2. 劇のテーマの設定までに

(1) 平行線をたどる話し合い

　まず，子供たちは演劇のテーマについて話し合うことから始めた．テーマ決めで時間がかかると予想していたが，ある子が「学校の七不思議をテーマにした怖いお話をやってみたい．」と提案したことをきっかけに，あっさり決定した．ところがその後，「全員で一つの怖い話をやる派」と「5人くらいのグループに分かれてそれぞれが怖い話をやる派」の二つに意見が分かれ，話し合いが長期に渡って平行線を辿ることとなった．ある日の話し合いの様子は次のとおりである（「全」は全員で取り組む派，「グ」はグループで取り組む派である）．

> 全：「全員で一つの劇をやる方がいっぱい良い意見が出やすいし，大きくてダイナミックな劇ができると思います。」
> グ：「グループに分かれた方が，人数が少ないから意見がまとまりやすいし，グループ同士で見合いっこして意見を出し合って良くしていけるよ。」
> 全：「けどそれなら全員でやったって，見る係を作れば良くしていけるよ。」
> グ：「でも違うグループ同士で意見を出し合った方が，自分たちが気づかなかったようなお客さんの視点から意見をもらえるよ。」
> 全：「けど違うグループ同士で見合いっこしたら，各グループの流れが分かっていないから，的外れな意見になるかも．全員なら同じ事をやっているから，流れが分かって意見を出し合えるし．」
> 　　　　　　　　　　　　　(中略)
> 全：「5人のグループでは役割が多すぎて，1人の負担が大きいよ．」
> グ：「全員でやると役割が余ったり，特定の人の意見だけが取り上げられたりするだけになるかも…」

　このようなやり取りが毎時間繰り返された．この時，私はすぐにでも二つの意見をまとめて，少しでも演劇づくりに時間を割いた方が良いのではないかと考えていたが，その一方で，私が簡単に解決方法を提示してしまって良いものだろうかとも考えていた．なぜなら，簡単に解決方法を提示してしまうことは，子供たちがこの難題に挑戦し，自分たちの力で解決していく機会を奪ってしまうことのように思えたからである．そのため，この難題を子供たち自身の力で解決していくことを信じてしばらく様子をみることにした．

(2) 議論の決着

　1カ月が過ぎたころ，クラスが議論を進める子，それを聞くだけになっている子，議論についていくことができていない子の三つに分かれてしまい，これ以上の進展が難しいという様子が見て取れるようになった．私が介入すべきかどうか迷ったが，結果として，「全員かグループかではなく，両方の良さを取った第三のアイディアはないかな？」と子供たちに問いかけることにした．すると，①1年を半分に分けて前半はグループ（または全員）で，後半は全員（またはグループ）でやる，②全員かグループかの議論になりにくい演劇以外のものに取り組む，③グループ編成を見直して7人グループでやるの三つの案が出た．

まず,「どうしても演劇がやりたい. それにここで別のものにしたらこの1カ月の話し合いは何だったのか.」という理由から②が却下された. 残る①と③で再び議論になったが, 今度は①が2人, ③が18人(この日は1名欠席)と大きな差が生まれた. その後の話し合いの様子は次のとおりである.

---
③:「①の方では, 両方の欠点が残ったままになる.」
①:「でも①なら両方ともできる.」
③:「けど③なら両方の良さを生かしながらできる. 全員の意見を取り入れられるし, 役割だって負担が減るし, グループの数が減るから, お互いに流れも知りながら見合いっこだってできる.」
③:「それに①だったら, 前半で出た課題は後半の方に生かせるけど, 後半で出た課題を前半の方に生かすことはできないよ.」

以上のような経過をたどったが, 今回はすんなりと③グループの主張が①グループの子たちに認められ, 1カ月に渡った議論が決着することとなった.

3. 演劇づくりにおける問題発見と問題解決

(1) ようやく始まった演劇づくり

こうして, 各グループが「学校の七不思議」というテーマのもと, 台本づくりに取りかかった. しかし, 台本づくりというのは大人でも難しいものである. 毎時間の子供たちのふり返りを読むと,「ゾッとするような怖い話ができた!」と書く子がいる一方,「話はできたけど, この物語を劇にするのは難しいと思う.」と, 台本づくりの難しさを実感している子の存在も確認することができた. また,「怖い話のはずなのに, 話し合いでふざけた意見を言う人がいた. けど注意できなかった…」と, グループ活動の難しさを実感する様子もうかがえた.

台本づくりが始まって2週間が経ったころ, 三つのグループがお話の概要を完成させた. そこで, 他のグループをお客さんに見立てて実際に発表してみることになった. ところが, 実際にやってみると, お客さん役の人たちの反応は「???」,「う〜ん?」というものだった. 発表後, 子供たちはこのままではいけないと思ったようだったが, 何がいけないのかが全くわからないといった

様子だった.

(2) 自分たちは誰のために，何のために演劇づくりをやるのか？
　今置かれている状況を打開するために，一度演劇づくりを中断し，なぜお客さん役の人たちが無反応だったのかを考えてみることにした．だが，いくら考えても原因がわからないといった様子だった．そこで，「この劇は誰に観てもらうためにつくっているの？　それを意識してお話づくりができていたかな？」と問いかけてみた．クラスはシーンとなったままだったが，何人かはお客さん目線ではなく，自分たちの目線でお話づくりをしてしまっていたことに気づいたようだった．そして，①誰に観てもらいたいのか，②なぜ七不思議を取り上げた怖い劇を観てもらいたいのか，③観てもらってどうなってほしいのかの三つについて考え，自分たちの演劇の目的をはっきりさせることになった．
　三つの視点について話し合い始めたが，なかなか意見が出ない状態が続いた．①については「姉妹学級や保育園の子たち」という想いは満場一致だったが，なぜその子たちに観てもらいたいのかを考え始めるとクラス全体がシーンとなった．②については「怖がってほしいから．」という意見が出たが，「なぜ怖がってほしいの？」と問うと再びシーンとなった．他に「仲良くなりたいから．」という意見も出たが，「だったら怖い劇じゃなくて，楽しい劇でもいいんじゃない？」と問うと再び沈黙．この時，時間をかけて真剣に考える子がいる一方，誰かが意見を言うのを待っているような子もいた．
　1週間後，もう一度同じテーマで話し合うことになった．①「なぜ姉妹学級や保育園の子たちに見てもらいたいのか？」という問いに対して，「交流を深めたいから．」という意見が出たが，「なぜ交流を深めたいの？」と問い返すとクラス全体が沈黙した．②については「怖い話に挑戦したいから．」という意見が出たが，同じように「なぜ？」と問い返すとクラス全体が沈黙．③については「楽しかったねとかドキドキしたねとか言って喜んでほしい．」と少し具体的な意見が出て，一歩前進することができた．しかし，この時間も真剣に考える子と誰かが意見を言うのを待っている子に分かれてしまった．
　なぜ真剣に考える子とそうではない子に分かれてしまうのだろうか．ふり

144　第10章　総合的な学習の時間の事例

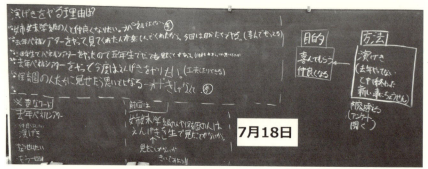

写真 10-2-1

返って考えてみると，私が子供たちの考えを集約していったことに原因があるように感じられた．つまり，私が一部の子の考えを集約しながらスムーズに進行したことで，順調に答えに近づいているような印象を与えてしまい，結果として自発的に考える必要性を奪ってしまったということである．

　そこで，試しに司会も板書も全て子供たちに任せてみることにした．すると，前時までよりもたくさんの意見が色んな子から出たのである．意見の中には，「本の読み聞かせなどより，劇の方が面白さが伝わる．」や「人形劇よりも怖さが伝わるから．」といった少し的外れなものも出たが，子供たち同士で「それは演劇をする理由にはなっていない．」と伝え合う姿が見られた．話し合い自体はあまり前進することはなかったが，前時よりもテーマに対して真剣に向き合う子が増えた1時間となった．次の日の話し合いでも的外れな意見はいくつか出たが，その数は少なくなり，「去年ペープサートをやった時よりも迫力のある演劇に挑戦して，喜んでもらいたい．そして仲良くなりたい．」という自分たちの想いがぼんやりと形になり始めた1時間となった．

　そして1週間後．その「ぼんやり」が「はっきり」になった．自分たちが演劇をやる目的は，「これまであまり交流のなかった姉妹学級や保育園の子たちに演劇を見てもらって仲良くなりたいから」であり，演劇を通してその目的を達成しようとするのは，「新しいことに挑戦したい自分たちの想いがあるから」と明確にすることができたのである．

　これらの話し合いにはおよそ1カ月もの時間を費やす結果となった．しかし，

活動の目的を自分たちの力で明らかにしたことは，無目的に活動を進めてしまうことよりも子供たちにとって価値ある時間になったように思えた．

(3) 姉妹学級や保育園の子たちの視点って？

　2学期になり，演劇づくりを再スタートさせることになった．だが，このまま再スタートさせることに一抹の不安があった．そうというのも，子供たちは姉妹学級や保育園の子たちの視点で演劇をつくっていくということを，具体的にイメージできていないように感じたからである．加えて，夏休みを挟んだため，演劇の目的に込めた想いが弱まっている可能性もあったからである．そのため，「姉妹学級や保育園の子たちに劇を観てもらって仲良くなりたいことはわかったけど，姉妹学級や保育園の子たちは本当に怖い劇を見たいのかな？もし違ったら仲良くなることはできないんじゃない？」と問いかけることにした．子供たちからも「確かにそうかもしれない．」という声が聞かれ，とりあえず身近な姉妹学級の子たちに，「劇を観たことはありますか」，「どんな劇を観たことがありますか」，「どんな劇を観てみたいですか」，「長い劇を一つだけ観るのと，短い劇をたくさん観るならどちらがいいですか」の4点についてアンケートを取ってみることになった．

　早速結果を集約してみると，子供たちの予想に反して「演劇を観たことがない」という子が多いことがわかった．この結果を踏まえて，「内容はシンプルにして，ハッキリわかりやすく，大げさに演じないと飽きてしまうんじゃないかな？」といった意見が出た．また，劇のジャンルはアンケート結果の上位三つである「ホラー」，「お笑い」，「昔話」の三つに決まり，さらに，アンケート結果を踏まえ，10分間の演劇づくりに挑戦することとなった．

　演劇づくりの方向性が決まったところで，クラスで実際の演劇を映像で観てみることにした．なぜなら，1学期のお話づくりが上手くいかなかったのは，お客さんの視点が欠けていただけでなく，演劇のお話づくりの特殊性を理解できていないことにもあったように感じたからである．観始めて数分が経った頃，多くの子が「説明がない．セリフだけでできている．」，「説明をセリフの中にさりげなく入れている．」といったポイントをメモする姿が見られた．

(4) 演劇づくり再スタート！

5年生になっておよそ半年．各グループが演劇づくりを再スタートさせた．今回はグループ名を決めて（ホラーグループ：「☆セブン」，昔話グループ：「キノコンズ」，お笑いグループ：「黒ボ」）取り組むことになった．

写真10-2-2

再開した当初，子供たちの毎時間のふり返りには，「目標は原稿用紙5枚完成させることだったのに，2枚目の途中までしかできなかった．」，「関係ない話をする人がいた．」，「自分ばっかりが進めて，他の人があまり協力してくれなかった．」といったものが何時間も続いたが，それらの感想を子供たちに紹介すると，少しずつではあるが「N君が本を借りてきてくれていたので，かなり進んだ！」，「休み時間も使って話し合ったのでほぼ目標通り進められた！」，「今日は一人ひとりが協力できた！」といった声に変わっていった．

およそ1カ月が経ったころ，一度中間発表をしてみることになった．まずは「黒ボ」が先陣を切ったが，お話が6分30秒で止まってしまった．他のグループからは，「I君以外声が小さくてよくわからなかった．」，「舞台の後ろの方で劇をやっていたから，もっと前の方でやったほうがいいと思う．」，「セリフとセリフの間が長く空いていたから，空かないほうがいい．」，「原稿を見ながらセリフを言っていたから，セリフを覚えてからやった方がいい．」，「劇に出ていない人がいたから，全員出た方がいい．」といった改善点がたくさん出た．黒ボ自身からも同じような反省が出たが，加えて「観ている人がぜんぜん笑っていなかったから，（中略）お客さんに楽しんでもらえる，笑える劇をつくるために見直した方がいいかなと思いました．」（Aのふり返りより）といったお客さん目線の反省も見られた．

次の日には「キノコンズ」が発表した．前日の黒ボの反省点を踏まえて臨んだが，こちらもお話が4分30秒で止まってしまった．残りの時間を何とか繋ごうとしたが，1分ごとに長い沈黙が続き，よくわからない状況のまま終了した．黒ボの時と同じように，他のグループからは，「セリフが棒読みになっていた．」，

「演技をしている人同士がかぶってしまって,何をやっているのかわからなかった.」,「表情がなかった.」,「とにかくお話が短かった.」といった意見がたくさん出た.キノコンズ自身の反省でも,「☆セブンと黒ボのアドバイスのように,セリフを言うときに確かに棒読みだったから,もっとちゃんとした言い方で言いたいです.(中略)自分はもっと出せると思うから,もっと大きな声でセリフを言いたいです.」(Eのふり返りより),「アドバイスをたくさんもらったので,しっかりどうすればいいかを考えて練習していきたいです.」(Kのふり返りより)といったものが見られ,自分たちの課題を痛感しているようだった.

最後の日には「☆セブン」が発表した.発表前日には,前の二つのグループに出た反省を確認する様子が見られた.その甲斐あって,大きく間が空いてしまうことがなかったことに加え,舞台全体を使ったり,大きな声で演じたりすることができた.しかし,それでも他のグループからは「棒読みになっている所が多かった.」,「映画みたいにウワー!とかキャー!とかを大げさにやったほうがいい.」,「全員出ていたけど,人によって出ている時間が全然違うかったから,そろえた方がいい.」,「ウロウロしながらセリフを言うのはやめた方がいい.」といった改善点がたくさん出た.また,ある子に「☆セブンの劇は怖かった?」と聞くと,「うーん…」と何とも言えない反応だった.☆セブン自身の反省には,「他のグループからすごい出たのは,棒読みが出たので,そこと動きをリアルにするということを生かしてやりたいです.」(Sのふり返りより),「みんなからたくさんの意見をもらってなるほど!と思うところが山ほどあったので,これからは直して,次の中間発表に向けてがんばりたいです.」(Aのふり返りより)といったものが見られた.

(5) 第2回の中間発表に向けて

次回の中間発表を1カ月後に設定して,各グループが今回見つけた課題の改善に取りかかった.「お客さんがあまり笑っていなかった」という反省を踏まえて,黒ボはお話の内容を一から見直すことになっ

写真10-2-3

た．また，声を大きく出せるようにするために声の響かない校庭で練習を行ったり，セリフを覚えた上で身振り手振りを入れてみたりと演技の改善にも取り組んだ．

キノコンズは，発表時間が4分半と短かったことを踏まえ，お話づくりに力を入れていくことになった．第1回の発表前までは，男女で分かれて活動することが多かったが，少しずつ一つにまとまっていく様子が見て取れた．しかし，お話をつくることに力が入りすぎて，第2回の中間発表まで一度も通し練習を行うことがなかった．

☆セブンは，棒読みにならないようにすることや客席から見て役者同士が重ならないようにすること，セリフを大きな声ではっきり言うことを意識しながら練習に取り組むことになった．練習中には，「セリフを言う時にリアクションがないよ．」というようにお互いが声をかけ合い，他にも直す所がないか注意を払う姿が見られた．

そして迎えた11月の第2回中間発表会．今回も先陣を切ったのは黒ボ．この1ヵ月で重点的に取り組んできたことを意識して発表に臨んだ．その甲斐あって客席からは笑いが起こる場面が見られた．発表後の反省会では，「リアクションがなかったり，棒読みになっている所があったりしたから直したほうがいい．」といった意見が出た一方，「前よりも笑える所があった．お話のストーリーがわかりやすかった．」，「最初の方でI君はセリフを覚えてやっていたからリアクションがあって面白かった．」といった肯定的な評価をもらうことができた．黒ボ自身のふり返りには，「リアクションや感情をもっと出したいなと思いました．私はセリフが難しい時，早口になったり，小さくなったりしてしまうので，もっと声を大きくしたいです．」（Aのふり返りより）といった反省が見られた．

次に発表したのはキノコンズ．十分な練習をしないまま臨んだが，前回の中間発表の時よりも原稿を見ることが少なかったり，役者が重なることがないように注意したりといった改善が見られた．7分30秒まではスムーズに進んでいったが，その後は前回と同じように途中で止まってしまった．発表後の反省会では，「お話の盛り上がりがどこなのかわかりにくかった．」，「セリフが棒読

みだった.」,「リアクションをもっと入れた方がいい. 例えば,玉手箱を開けて煙が出た所とか.」といった意見がたくさん出た. キノコンズ自身のふり返りには,「お話は前より伸びたけど,最後がグダグダ. …出番が偏っているのでしっかりしたい. 棒読み×.」(Kのふり返りより)といった反省が見られた.

最後に発表したのは☆セブン(この時の指導案は,本節の最後に資料として提示している). 前回の反省を踏まえて,セリフを覚えた上でリアクションを取りながら演じてみたり,棒読みにならないように注意したりと,随所に改善が見られた. 反省会では,「お話のどこで怖がってほしいのかがよくわからなかった.」,「この『恐怖の館へようこそ』で伝えたかったことは何かな?」,「早口になっていた.」,「まだ棒読みになっていた.」といった意見が出る一方,「AさんやJくんの登場した所が怖くなっていてよかった.」といった肯定的な評価をもらうことができた. ☆セブン自身のふり返りには,「みんなはリアクションが良かったといってくれたけど,自分たちはまだまだだなと思った. 例えば,怖い場面であまり怖そうにしていなかったり, K君が言っていた盛り上がりがあまりわからなかった所はこれから直していきたいです.」(Aのふり返りより),「棒読みをなくしたい. だけどどうすれば棒読みを直せるのか…」(Jのふり返りより),「AさんとJくんの演技が上手だったので,その技を教えてもらいたい.」(Tのふり返りより),「お客さんを見ながらしゃべると良いと思いました.」(Aのふり返りより)といった反省が見られた.

(6) 第3回の中間発表に向けて

第3回の中間発表を1カ月後に設定して,各グループが今回見つけた課題の改善に取りかかった. 黒ボは,Iくんのリアクションで笑いがあったことに注目して,「リアクションを大げさに」,「棒読みに注意する」,「声を大きく出す」の三つに重点を置いて練習に取り組むことになった. キノコンズは「お話の盛り上がりがどこなのかわかりにくかった.」という意見に着目して,「本当の場面だったらどうなるだろう?」という視点からお話の内容の改善に取り組むことになった. ☆セブンは第2回の発表でお客さんが怖そうにしていなかったことに注目して,「棒読みに注意する」,「リアクションを大げさに」の二つに重

点を置いて練習に取り組むことになった．

そして迎えた12月の第3回中間発表会．今回はキノコンズから発表することになったが，今回もお話づくりに力を入れすぎたため，演技の練習をほとんどしないまま発表に臨んだ．実際の発表では，お話づくりに力を入れてきた甲斐あって，10分間お話が止まることがなかった．加えて，第2回のふり返りで出た「お話の盛り上がりを意識する」，「棒読みに注意する」，「リアクションを大げさに」の3つに注意しながら演じたため，発表後のふり返りでは，「初めのカメを蹴るシーンが前よりよくなっていた．」，「Nくんの『コラコラ！何やってるの！』の言い方が棒読みじゃなくてよかった．」，「Kくんのカメにつまずく場面のリアクションがよかった．」といった肯定的な意見がたくさん出た．その一方で，「季節の部屋を紹介する場面のセリフが，『すごいですね．』と『きれいですね．』の繰り返しになっているから，もっと別の言葉に変えた方がいい．」，「カメにつまずいてこけたのに，誰も駆け寄って助けようとしなかったのは，普通ではありえないと思う．」，「玉手箱を開ける所はもっとリアクションを大げさにした方がいいと思う．普通なら後ろに倒れたりすると思うし．」，「Nくんの『コラコラ！…』の所以外は棒読みになっていた．」といった意見もたくさん出た．キノコンズ自身のふり返りには，「他のグループから出た『普通ならどうか？』を考えながら演技の練習をしていかなくちゃなと思った．」(Eのふり返りより)といった反省が見られた．

次に発表したのは☆セブン．前日のキノコンズに出たふり返りも意識して発表することになったが，演者が2人インフルエンザで欠席したため急遽代役を立てて臨むことになった．演じ終わった直後，☆セブンの子たちは，「話の盛り上がりもわかりにくかったし，全然ダメ．第2回の発表の時よりも悪くなった．」，「休む人がいる場合を考えていなかったから，そういうことも考えなきゃね．」と話しながら舞台から降りてきた．5人で円になってふり返りを始めてからも，「他のグループから厳しくみてもらわないと．どんどん意見もらおう．」，「おばけが出た時のリアクションをもっと大げさにやった方がいいと思った．バイオハザードみたいに．」，「おばけから逃げる場面は，舞台の上だけで走ってたら狭くて回るだけになってしまうから，舞台から下りて走り回ってみても

いいと思った.」といったものが矢継ぎ早に出た. 他のグループからは,「おばけ役の動きが大げさでよかった. 前回よりもさらによくなっていた.」といったものも出たが,「セリフが棒読みだったから, 怖くなくて逆に笑えた.」,「普通だったら『遅いな〜.』っていうのは待たされた時に言うセリフだけど, 様子を見に行った人がいなくなってすぐに言っていたからおかしいと思った. 10秒くらい間を空けてから言ったらいいと思う.」,「普通だったら出口がなくなったら戸惑うはずなのに, それがなかったからリアクションを入れた方がいい.」といった具体的なアドバイスがたくさん出た. 前日のキノコンズへのアドバイス同様,「普通だったら…」という視点から考える子供たちの姿が多く見られ, ☆セブン自身のふり返りにもこの言葉が頻繁に見られた.

最後に黒ボが発表を行った. 演技面では「リアクションを大げさに」,「棒読みに注意する」,「声を大きく出す」の三つの点に注意しながら, お話の内容では「普通だったらどうだろう？」という視点から手直しを加えて発表に臨んだ. だが, 注意していた三つの点を大きく改善できないままの発表になってしまったため, 発表後, 他のグループからはその3点についての意見がたくさん出ることになった. 黒ボ自身のふり返りにも「意識していたのに声が小さくなってしまったし, 棒読みになってやっぱり上手くできなかった.」（Sのふり返りより）といった反省が見られた.

(7) 停滞する演劇づくり

冬休みを挟んで, 各グループが第3回の中間発表で出た課題の改善に向けて活動を再開した. だが, 私の目から見ると, どのグループもお話の内容面でも演技面でも, 決定的な改善策を見つけることができないまま活動が停滞しているように感じられた. なぜなら, 第2回の中間発表後辺りから, 子供たちの毎時間のふり返りに, ほとんど同じ活動内容についての記述しか見られなくなったからである. さらに, 1月中旬になっても淡々とした文体で同じようなふり返りが続いたことから, 子供たち自身は打開策を見つけられないこの状況にあまり危機感を抱いていないようにも思えた.

この時,「演劇をやっている人を呼んでプロの視点から意見をもらった方が

いいんじゃないか．」といったことを考えたが，子供たち自身が課題を感じていないうちにこちらが先手を打ってしまうのは，この学習の本来の目的に背くことのように思えたため，その方法はとらないことにした．

そうとはいうものの，何もしないままでは子供たち自身が活動の停滞に気づく可能性は極めて低いだろう．そのため，「2月の学習発表会（5年生最後の参観授業）でおうちの人たちに演劇を観てもらうことにしよう．そしてその2週間後に姉妹学級の3年生に観てもらおう．」ということを伝え，時間に限りがある状況をつくり出し，子供たちの意識が「今まで以上に集中してがんばらなくちゃ！」となっていくことに賭けることにした．

結果的に，この介入が子供たちの活動に大きな変化をもたらすことはなかったが，これまでのグループ内の関係に変化をもたらすことには繋がった．それまでの各グループは，2～3人のリーダー的な子が中心となってお話の内容や演技の改善に取り組むことが多かったが，少しずつ他の子たちも意見するようになったのである．さらに，リーダー的な役割を担っていた子が欠席した日に「自分も意見を言わなくちゃ進まない．」という意識が芽生えたのだろうか，この日を境に「もっと大げさにやった方がいいよ！」，「そこではウワーはなくていい！」といった声が一人ひとりから積極的に聞こえてくるようになった．

(8) いよいよ迎えた発表の日

そして迎えた学習発表会．おうちの人たちの反応は，子供たちが狙ったものからはほど遠いものだった．発表後，「おうちの人たちの反応はどうだった？」と聞くと，ほとんどの子は渋い顔をするだけだった．その一方で，「笑われた！」と嬉しそうに答える子もいたが，「それは良いことだったの？」と聞くとハッとなり，自分たちの演劇に課題があることに気がつくことができたようだった．さらに発表後，おうちの人たちから感想やアドバイスをいただいたことで，課題をより実感したようだった．

次の日，おうちの人たちからもらった感

写真 10-2-4

想を整理する作業に取りかかった．しかし，どのグループも課題が多すぎて何から手をつければいいのかわからない様子だった．加えて，「お話の道筋や登場人物の関係性が観ている方からはわかりにくかった．もっと登場人物の特徴を研究して演技に取り入れたほうがいい．」というおうちの人のアドバイスに対して，「衣装があったらいいんだ．」というように，アドバイスの真意をとらえ損ねる様子も見られた．その都度，「衣装があったら登場人物の特徴をつかんだことになるの？それでお話の道筋もお客さんに伝わるの？」といった問いかけを繰り返し行ったため，情報の整理だけで2週間もの時間を費やすこととなった．

そしていよいよ3年生への発表の日を迎えた．学習発表会後，情報整理に時間がかかったこと，授業時間外では新児童会の発足や6年生を送る会の準備に時間を費やしたため，十分な準備や練習ができないまま発表に臨むことになった．子供たち自身も不安な様子であったが，それでも，おうちの人たちの「恥ずかしがらずに堂々と」，「登場人物の関係がわかるように」，「登場人物の動きをもっと研究して」といったアドバイスを意識して発表することができた．

発表後，3年生からは「おもしろかった！」，「楽しかった！」といった感想が多く聞かれた．だが，子供たちはおうちの人たちの反応とあまりにも違うことに違和感があるといった様子だった．

次の日，発表中の3年生の様子を撮った映像を確認してみることにした．すると，笑ってもらいたかった場面や怖がってもらいたい場面で反応がなかったり，「竜宮城にあっさり着いたな．」，「今何て言ったの？」，「兄弟多くない？」といった3年生のつぶやきが聞こえてきたりした．この映像を観た後のクラス全体でのふり返りでは，「昨日の発表は自分たちが狙った通りに楽しんでもらったんじゃなくて，劇の変な所を笑われただけだった．だからもっと劇のクオリティを上げていかなくちゃいけないと思う．」といった声が大きくなり，6年生でも演劇づくりに挑戦していくこととなった．

写真 10-2-5

平成29年度 5年2組 総合的な学習の時間年間指導計画

単元名：「自分たちだけの演劇をつくりあげよう！」

年間指導目標：「4年生まで積み上げてきたペープサートの経験を生かしながらオリジナルの演劇をつくりあげていくことを通して、自ら進んで意見を言ったり、行動したりすることの良さや1つのことを最後までやり抜くことの良さを実感することができるようにする。

月	4	5	6	7	8	9	10	11	12	1	2	3
主な学習内容	○演劇の方向性を決めよう！（8時間） ・どんなお話の演劇にする？保育園や姉妹学級の子が楽しんでくれる内容だろう？ ・演者、台本係、道具係などの役割分担を決めよう。		○ペープサートの経験を生かして、演劇づくりをしよう！（28時間） ・まずは実際の演劇の映像を観て研究しよう。 ・お話づくりって難しいな…なかなかアイディアが浮かばないよ。何かのお話を参考にしてみよう！ ・実際の舞台で演じるのって難しいんだね。大きな声を出さないと聞こえないし。 ・この場面の演技はどんな動きにすればいいかな？ ・衣装や大きい道具はどうやって用意すればいいの？材料費はどうする？			○姉妹学級の子たちに観てもらおう！（2時間） ・楽しんでもらえるか心配だな…。 ・予想よりも楽しんでもらえなかった…なぜだろう？ ・劇の内容が分かりにくかった？	○もっとクオリティを高めてお客さんに楽しんでもらえるようにしよう！（28時間） ・なぜ姉妹学級の子にあまり楽しんでもらえなかったのかな？ ・どうすればもっとクオリティを上げていけるのか、実際に演劇をやっている人たちにアドバイスをもらってみたらいいんじゃないかな？			○保育園の子たちに観てもらおう！（2時間） ・姉妹学級の時よりもクオリティが上がったから、きっと楽しんでもらえるはず！	○1年間の演劇づくりを振り返ろう！ ・上手くいかなかったこともあったけど、友達と協力してやり抜くことができた！
各教科との関連	※国語の物語文の学習は演劇づくり全般にかかわってくると予想される										国語：分かりやすく伝える	

第2節　小学校の実践事例：第5学年　　155

総合的な学習の時間学習指導案

1. 単元名「自分たちだけの演劇をつくりあげよう！」
2. 日時：平成 29 年 11 月 17 日（金）
3. 学年：第 5 学年
4. 指導者：大谷　祐貴
5. 学習場所：体育館
6. 本時案
   (1) 本時のめあて
      1回目の中間発表で出た反省点をもとに1カ月間、お話の内容や演技を見直しながら演劇の練習に取り組んできた子供たちが、2回目の中間発表で他のグループをお客さんに見立てて実際に演じてみたり（☆セブン）、他のグループの発表を観てアドバイスをしたりすることを通して（キノコンズ・黒ボ）、自分たちの演劇のお話の内容や演技の新たな改善点を見つけることができるようにする。
   (2) 本時の位置　全70時間中第51時
      前時：☆セブン：キノコンズの演劇に対して出た反省点をもとに、2回目の中間発表に向けてお話の内容や演技を休み時間を使って改善することを決めた。
      　　　キノコンズ：自分たちの演劇に対して出た反省点をもとに、演劇の内容や演技の新たな改善点を見つけた。
      　　　黒ボ：キノコンズの演劇に対して出た反省点を自分たちの演劇の内容や演技にも当てはめて考え、新たな改善点を見つけた。
      次時：☆セブン：自分たちの演劇発表で得た改善点を踏まえて、今後の活動の方向性を整理する。
      　　　キノコンズ：自分たちの演劇発表で得た改善点や☆セブンの演劇の改善点を踏まえて、今後の活動の方向性を整理する。
      　　　黒ボ：自分たちの演劇発表で得た改善点と他のグループの演劇の改善点を踏まえて、今後の活動の方向性を整理する。
   (3) 指導上の留意点
      ① この学習の教師側の目的は劇団員を育てたり、良い演劇を完成させたりすることではない。子供たち自身が目的（3年生や保育園の子たちに劇を見せて喜んでもらい、仲良くなりたい！）を達成していく過程で、自分たちで考え、協力し合って困難を乗り越えていく力をつけていくことを第一の目的にしている。子供たち自身が創り上げていく学習であるため、教師が活動の方向性を決めることがないよう、極力舵を取ることなく、コーディネーター（目的から大きく逸れることがないように注意を払ったり、子供たちの考えや思いを読み取りながら学習をつなげていったりする役割）になることに徹する。
      ② 本時自分はどんなことを考え、感じ、どう思ったか、次はどうしたいかを短い文章でまとめることで、自己省察し、本時の活動と次時への展望をつなげることができるようにする。
   (4) 学習の流れ

☆セブン（ホラー）	キノコンズ（昔話）	黒ボ（お笑い）	時間
1〜5：学習活動 ・予想される児童の反応 ◇教師のかかわり	1〜5：学習活動 ・予想される児童の反応 ◇教師のかかわり	1〜5：学習活動 ・予想される児童の反応 ◇教師のかかわり	
めあて 自分たちの演劇を観てもらって意見をもらい、お話の内容や演技の改善点を見つけよう。	めあて 自分たちの演劇にも当てはめながら☆セブンの演劇を観て、自分たちの演劇の新たな改善点を見つけよう。		
1. 2つのグループの演劇発表に対して出た改善点やこれまでの練習で意識してきた演劇のポイントを確認しながら練習を行う。 ・セリフは覚えてきた？黒ボみたいにセリフとセリフの間があかないように気をつけよう。 ・キノコンズは棒読みになっていた所があったね。棒読みにならないようにしよう。	1. アンケート内容を整理しながら前回の演劇発表を振り返り、自分たちの演劇の改善点を整理する。 ・まだ棒読みになっていたね。 ・Y君から、玉手箱を開ける所とかリアクション入れた方がいいって言われていたね。 ・お話がまだ短かったね。もう少し長くしなくちゃ。	1. キノコンズの演劇に対して出た改善点を踏まえて、自分たちの演劇の改善点を整理する。 ・キノコンズはお話がスムーズだったけど、私たちはセリフとセリフの間が少しあいちゃったね。I君は動きもあって良かったって言われていたね。	

	・I君はリアクションを入れていたから面白かったね．本当に驚いているように，リアクションを大きくしよう． ◇中間発表1分前に発表の用意をするよう伝える．	・愛子さんからお話の盛り上がる部分を作った方が良いって言われていたね．オリジナルの部分はいいって言われていたね． ◇アンケート内容の整理に手間取っている場合，意見ごとに数を集約してみるなど，整理の視点を提案する．	・キノコンズもそうだったけど，出演していない人がいる．どうする？ ・キノコンズはほとんど紙を見ていなかった．とにかくセリフを覚えなくちゃ． ・もっと面白くするためにはどうすればいいかな？ ◇反省点を踏まえて今後どんな練習や活動をしていったらいいか，一緒に考える．	10分
2. これまでの練習の成果や前回の中間発表の反省を生かして演劇を行う． ◇10分経ったら終了の合図を出す．		2. お客さんの視点から☆セブンの演劇を鑑賞する． ◇お客さんの視点から話の内容や演技を観るよう声をかける．		10分
3. 本時の自分たちの演劇を振り返り，グループの仲間と考えを共有し，まとめる． ・まだ棒読みになっていた所がある． ・セリフが早口になってしまった所があった． ・驚いたり，ドアを開けたりするリアクションをもっとやった方がいい． ・人がかぶってしまった所があった． ◇書いた感想を述べただけになっている場合，「お客さんの反応はどうだった？」など，声をかけてさらなる意見の交換が起こるよう促す．		3. ☆セブンの演劇を振り返り，グループの仲間と考えを共有し，まとめる． ・紙をほとんど見ずに，お話がスムーズに進んでよかったけど，まだ棒読みになっている所があった． ・リアクションが少しあったけど，驚く所なんかはもっとあったほうがいいね．あと，表情も． ・セリフを言う時に笑っている所があったから，やめた方がいい． ・J君があまり出演していなかった．もっと出したほうがいい． ◇書いた感想を述べただけになっている場合，「内容は怖かった？」など，声をかけてさらなる意見の交換が起こるよう促す．		10分
4. 自分たちのグループで出た感想や反省点を伝えたり，他のグループの批評を聞いたりして，自分たちの演劇を振り返る．		4. 自分たちのグループの演劇にも当てはめながら，☆セブンの演劇の感想やアドバイスを伝えたり，他のグループの感想やアドバイスを聞いたりする． ◇自分たちの演劇にも当てはまる感想やアドバイスをメモするよう促す．		10分
5. 自分たちの演劇に対して出た感想やアドバイスを踏まえながら本時の振り返りをして，今後の改善点を整理する．		5. ☆セブンの演劇に対して出た感想やアドバイスを自分たちの演劇にも当てはめながら本時の振り返りをして，自分たちの演劇の新たな改善点を見つける．		5分

7. 見ていただきたい点
　①それぞれの子供たちは本時の活動の中でどのような困難に出会い，課題を見出し，どのようにして自分たちの力で考え乗り越えていったか．（本時の子供たち1人ひとりの様子）
　②他のグループの演劇を観たり，他のグループに演劇を観てもらったりした後に感想や反省点，アドバイスを出し合い，本時の振り返りをする活動を通して，1人ひとりが自分たちの演劇の改善点を考えることができたか．（本時の評価規準）

4. 本実践を振り返って

　年間指導計画と照らし合わせると，本実践は当初の計画とは大きく異なる展開となった．当初，私はどこかの段階で演劇づくりの学習を地域の切実な課題とリンクさせたり，地域の人材を使って演劇をつくり上げていったりすることで，学習内容も子供たちがつけていく資質・能力もより充実したものにしていきたいと考えていた．だが，学級の子供たちが演劇づくりに挑戦する目的は先述のとおりであり，「過去の自分たちができなかったことに挑戦し，自分たちの力で超えていきたい！」という想いが強く表れていた．そのため，1学期の話し合いで演劇づくりの目的がはっきりした段階で当初の考えを改め，子供たちの想いに合わせた学習に舵を切り，子供たちの目線に立って目的達成までの道程を共にすることにした．

　結果として，子供たちが導き出した演劇づくりの目的を達成できたとはいえず，ようやくこの学習に火が付き始めたといった所で1年を終えることとなった．だが，この1年の経験は6年生での演劇づくりやその他の場面にも生かされており，一人ひとりが目的に向かって自分にできることを探しながら行動する姿が見られるようになった．今後も，子供たち一人ひとりがさらなる成長を遂げていけるように，子供たち一人ひとりの思考を読み取りながら一緒に進んでいきたいと思う．

第3節
中学校の実践事例

1. 次世代に生きる資質能力を高める「社会貢献プロジェクト」（現代的な諸課題に対応する横断的・総合的な課題）

（1）授業の要点と構想

　1)「社会貢献プロジェクト」の単元構想

　地方都市部に位置する全6学級の中高一貫教育校のT中学校は，「一人一人の生徒が次世代を担うリーダーに求められている社会貢献への興味・関心をも

ち，意欲的な態度を育み，社会に大きく貢献する」を全体テーマとした総合的な学習の時間「社会貢献プロジェクト」を設定する．

　まず，入学生の小学校での総合的な学習の時間の学習内容を捉える．中学受験で進学してきた生徒の出身小学校によって，目標や内容，学習活動，指導方法，学習評価，指導体制があり，育てようとする資質・能力及び態度も異なっている．そこで，現代的な諸課題から追究する個人課題を設定させるウェビング法を試みる．その後，探究のサイクル【課題の設定】【情報の収集】【整理・分析】【まとめ・表現】の過程を発展的に繰り返し経由するように問題解決的な活動を設計する．次に，社会に参画したり貢献したりする資質や能力及び態度を育むために，多様な考え方をもつ他者と適切に関わる協同的な学習活動を多く取り入れる．このようにして，体験活動を重視し，思考力・判断力・表現力等を育む「考えるための技法」の活用を図った多彩な言語活動を【まとめ・表現】で繰り返す．様々な学習場面に探究的な学習活動を構成し，協同的な学習活動を複合的に取り入れた本プロジェクトとする．

2) 本単元で育てようとする資質や能力及び態度

　T中学校は次世代を担うリーダーを育成することを目指している．全教職員によるカリキュラム・マネジメントで，教育課程を編成し，「社会貢献プロジェクト」で，次世代のリーダーに育てようとする資質や能力及び態度を考える．次の表10-3-1は育てようとする資質や能力及び態度を示したものである．

表10-3-1 「社会貢献プロジェクト」で育てようとする資質や能力及び態度

知識及び技能	思考力，判断力，表現力等	学びに向かう力，人間性等
現代的な諸課題	事象を比較したり，関連付けたりすること	協同する力
地域や学校の特色	確かな見通し，仮説を立てること	他者の考えを受け入れ尊重する態度
地域の人々の暮らし	多様な方法からの選択	他者の考えを理解する力
調査力	より深い分析，確かな根拠付け	自分の生活のあり方を見直す力
コミュニケーション力	より論理的で効果的な表現	環境保全へ行動する力
プレゼンテーション能力	学びを振り返り，次の学習に生かす力	社会参画の力

3) 横断的・総合的な学習を支える「社会貢献プロジェクト推進委員会」

　総合的な学習の時間は，横断的・総合的な学習内容や学習活動が展開されるため，専門性を生かした全教職員の協力が求められる．校長は地域や学校の実

態を把握する．地域人材を活用し，学校・地域で支える仕組みを整える．そこで，学習内容や指導方法，評価方法を修正・改善する仕組みとして，定期的な「社会貢献プロジェクト推進委員会」によるPDCAマネジメント・サイクルを回す．地域の強みを生かした特色ある攻めの学校運営を進めたい．

次は，図10-3-1「社会貢献プロジェクト推進委員会」における会議内容である．

図10-3-1 「社会貢献プロジェクト推進委員会」における会議内容

(2) 授業プランの具体例

1) 探究課題「かけがえのない地域の水環境～3河川の学習を通した環境保全への提言～」（第1学年：44時間）

　地域教材を考えたとき，本県の地形が浮かぶ．河川の流域面積が広く，県民は水不足の経験が少ない．本県の下水道普及率は47都道府県で最下位である．水はすべての生き物の生命にとってかけがえのないものである．しかし，地域の水環境が危機的状況にあることは推測できる．そこで，地域に流れる3河川の現状を踏まえ，考えていくこととする．

　「生命にとってかけがえのない水」を捉え，地域に流れている3河川の現状を知ることから始める．河川の水質調査をするために，地域に出かけ，取材や

調査で得た情報や知識をもとに課題を明らかにする．さらに，話し合い活動であるシンポジウムで現状を踏まえ，河川の水質の改善法や対策を話し合う．そして，聞いている人にわかりやすい提言とする．最後に，より多くの地域住民へ呼びかけるために，「環境保全リーフレット」を作る．地域住民へ啓発し，未来に繋がる地域の水環境を考える学習活動を進める．

学習指導案例
1 単元名
「かけがえのない地域の水環境
〜3河川の学習を通した環境保全への提言〜」（44時間）
2 単元の目標
　地域の水環境の現状や問題点を見付け，環境保全のための解決策を自分の生き方と結び付けた提言とし，次世代を担うリーダーに求められる社会貢献への強い意欲と態度を養う．
3 単元の評価規準

	知識及び技能	思考力，判断力，表現力等	学びに向かう力，人間性等
評価規準	①地域の水環境の現状と問題点を把握し，様々な要因で水環境は変化していくことを知る．②3河川の水質調査データに基づき，生物多様性への知識を深め，よりよい水環境への可能性を広げる．	①地域の水環境の現状を捉え，座標軸で自分と他者の考えを比較し，整理している．②他の生徒と協力し調査したり，地域の人々の意見を聞いたりして，原因や根拠を見付けている．	①地域の水環境保全を進めるために，提言やリーフレットにまとめている．②自らの生活や生き方を見直し，環境保全のための改善策や対策を話し合い，未来に繋がる考えを創造している．

4 指導と評価の計画

段階	時数	学習活動	評価規準及び主な評価方法	関連教科
課題の設定	5	【単元の目標と学習の流れの理解】○単元ガイダンスのねらいと見通しをもつ．「生物多様性」をクイズで理解する．○生物とともに生きるため，よりよい環境の創造への可能性を考えさせる環境講話を聞く．	制作物による評価・ワークシート・思考ツールシート・制作過程の観察	・理科「5章　生命の移り変わりと進化」

		【課題設定】〇情報を整理・分析し，地域の水環境で取り組む個人課題を考え，学習方法を検討する．〇思考ツール（座標軸）を活用し，自分の考えと他者の考えを比較させる．	すぐにできること／集団で／個人で／時間が要ること		
情報の収集	13	【情報の収集】〇地域の水環境の問題意識を深めるために，環境クイズや講話，調査で情報を収集する．・3河川の水採取地点で，水を採取する．〇校内の浄化システムの仕組みと働きを知る．〇地域の工場の排水浄化の仕組みと働きを知る．	観察による評価・聞く表情や動作・調査による行動・制作物による評価・ワークシート・制作過程の観察	・社会科「世界と比べた日本の地域的特色」
整理・分析	13	【整理・分析】〇研究班で収集した情報を整理・分析する．・①マップなどを用いた調査データとインタビューや体験で得た実感との比較　②アンケート調査結果の分類，関連付け　③グラフを用いた調査データの分析を経て，自分の生き方を見直し，自分の力が発揮できそうな課題を発見する．	ポートフォリオによる評価・インタビュー・取材メモや感想・関係者コメント・画像や動画・調査データ	・保健体育科「健康と環境　イ飲料水や空気の衛生管理」
まとめ・表現	9	【まとめ・表現】〇水質調査活動の調査結果から考察し，研究班で話し合い，中間報告会をする．・3つの部門に分かれ，根拠に基づく報告を聞き，次なる課題を発見する．〇報告された内容から考察し，研究班で話し合い，シンポジウムで共有化する．・①調査結果の妥当性の判断　②自分の生活や生き方の見直し　③根拠の明確化と提言内容の検討という3つの視点を盛り込み，聞く相手意識に立ち，よくわかりやすく，効果的にまとめる．・研究班のまとめを多彩な言語活動で伝える．	パフォーマンス評価・根拠に基づき論理的に説明する発表・自分の考えをわかりやすく伝えるプレゼン力の観察・異なる意見に耳を傾けた批判的・協調的な態度の観察・討論する過程・ワークシート・レポート	・国語科「根拠を明確にして意見を書こう」「話し合って考えを広げようパネルディスカッションをする」

実行・振り返り	4	【情報発信】 ○他の研究班の内容と比較し，見直す． ○研究班は教師とのヒアリングでアドバイスを受けながら改善を行う． ○シンポジウムの学びを生かした「環境保全リーフレット」を地域の取材調査で関わった方，関係機関，出身小学校に届けて，関連した方から外部評価を受け，意欲を高める． 【実行】 ○社会の中に生きる一員として，自分にできることを考え，実行する． 【振り返り】 ○自分の学びを自覚し，成長を実感する． ○社会貢献への意欲と更なる課題発見に繋ぐ．	他者評価 ・地域住民や関係機関の方々による賞賛や課題コメント ・教師によるヒアリングでアドバイスを受けるときの発言や態度の観察 自己評価や他者評価 ・学びを伝える発言や態度の観察 ・社会貢献へ思い ・評価カード ・学習記録	・英語科 「Unit7 物事を比較するときに使える言い方を知り，説明ができる」 ・道徳 「社会への奉仕【C-12】

(3) 評価のポイント

1) 評価規準の設定と評価方法への工夫と改善

　生徒の学習状況の評価は，教師自身の観察，生徒自身の自己評価，学習に関係した人々の他者評価などを十分反映させ，生徒の成長を多面的に捉えたものでありたい．生徒によい点やよりよい改善点を伝えることで，生徒自身の学習への興味・関心や意欲の高まり，次なる課題を発見することなど，学びに向かう力に繋がる．そして，教師にとっても育てようとする資質や能力及び態度がどのように身に付き，成長しているかを捉えることにもなる．

　総合的な学習の時間は，各教科等におけるペーパーテストなどの評価方法によって，数値的に評価することは適切ではない．したがって，具体的な生徒の姿を見取るに相応しい評価規準を設定し，評価方法や評価場面を適切に学習過程に位置付けなければならない．本単元のように，内容や時間のまとまりを見通した評価場面や評価方法を工夫し，探究のサイクルを回

関係機関の方と生徒によるシンポジスト

しながら，学習過程における生徒の学習意欲の高まりを図りたい．そうすることで，育てようとする資質や能力及び態度の育成に生かしていくことが大切である．

次は，評価規準の設定と作業手順を考えて示したものである．
① 学校の全体計画や単元計画を基に，単元で育てようとする資質・能力を設定する．
② 各観点に即して実現が期待される生徒の姿が，特に実際の探究的な学習の場面を想起しながら，単元のどの場面のどのような学習活動において，どのような姿として実現されるかをイメージする．

2) 生徒の学習状況における評価の具体

生徒の具体的な学習状況の評価方法については，信頼される評価の方法であること，多面的な評価の方法であること，学習状況の過程を評価する方法であること，の三つが重要である．

一つに，信頼される評価とするためには，校内どの教師も同じように判断できる評価が求められる．本校は，「社会貢献プロジェクト推進委員会」で教師間の評価の観点や評価規準を確認し，これに基づいた生徒の学習状況における評価とする．それは，単元の内容や時間のまとまりを通した一定時間数の中での評価と心がけていきたい．

二つに，生徒の成長を多面的に捉えるために，単元の内容や時間のまとまりを見通した多様な評価場面や評価方法を工夫したい．レポートやワークシート，ノートや絵などの制作物や成果の記録や作品などの成果物の出来映えに着目し，そのまま総合的な学習の時間の評価とすることは適切ではない．その制作物の記載や成果物の仕上がりは，探究の過程における通過点や最終点に過ぎない．そこに至るまでに，生徒がどのように探究の過程を通して学び，成長してきたかを見取ることこそが大切なことである．

本単元は，学習指導案「4 指導と評価の計画」の項目「評価規準及び主な評価方法」に適切な評価場面における多様な評価方法と見取り方を記している．次は，その多様な評価方法に対する見取り方をまとめた表である．

表 10-3-2　多様な評価方法と見取り方

多様な評価方法	多様な見取り方				
制作物	ワークシート	思考ツールシート	制作過程	行動や考え	
観察	聞く表情や動作	調査による行動	制作過程の観察		
ポートフォリオ	インタビュー	取材メモや感想	コメント	画像や動画	調査データ
パフォーマンス	根拠に基づき論理的に説明する発表		自分の考えをわかりやすく伝えるプレゼン力の観察	異なる意見に耳を傾けた批判的・協調的な態度の観察	
	ワークシート	レポート	討論する過程		
他者	地域住民や関係機関の方々による賞賛や課題コメント		教師によるヒアリングでアドバイスを受けるときの発言や態度の観察		
	学習記録	評価カード	学びを伝える発言や態度の観察	社会貢献への思い	
自己	学習記録	評価カード	学びを伝える発言や態度の観察	社会貢献への思い	

　三つに，学習状況の結果だけでなく過程を評価するためには，評価を学習活動の事後以外に，事前や途中にも適切に位置付けることである．本単元は，「教師によるヒアリングでアドバイスを受けるときの発言や態度の観察」を設けている．これは，一人一人の進捗や思考過程の変化を捉える評価場面でもある．このような総合的な学習の時間における一人一人の学びや成長を捉える評価場面や評価方法の研究は，今後も求められていく．

2. 非常災害へ対応する資質能力を高める「地域防災リーダーになるには」（地域や学校の特色に応じた課題）

(1) 授業の要点と構想

1) 「地域防災リーダーになるには」の単元構想

　都市部に位置する全20学級の大規模校のN中学校は，「非常災害時における自助，公助，そして自然発生の発生メカニズム，地域の自然環境，災害や防災についての基礎的な知識及び技能を身に付け，災害時に活躍できる人材として社会に大きく貢献する」を全体テーマとした総合的な学習の時間「地域防災リーダーになるには」を設定する．

　まず，地域の非常災害への対処の仕方を理解するために，生徒の願いを捉え

る.「考えるための技法」として,ウェビング法を活用し,防災へのイメージを広げることで,テーマを多面的に捉えたり,細分化して具体的に捉えたりしながら課題を見出す.ウェビング図に表れた生徒の考えは「地域の地形」「自然環境」「いのちを守る方法」「地域の人々を助ける方法」「町を守る方法」「地域の人々の役に立つ方法」「災害に備える方法」など多面的で細かな内容も出ている.地域住民との関わりを深め,社会に参画したり貢献したりする資質や能力及び態度を育むために,多様な考え方をもつ他者と適切に関わる協同的な学習活動を多く取り入れる.このようにして,体験活動を重視し,思考力・判断力・表現力等を育む「考えるための技法」の活用を図った思考過程の変化を期待する学習活動である.様々な学習場面に適切な評価方法を取り入れ,社会の一員としての生徒の意識を高める学習とする.

2) 本単元で育てようとする資質や能力及び態度

N中学校は地域の防災リーダーを育成することを目指している.全教職員によるカリキュラム・マネジメントで,教育課程を編成し,地域防災リーダーに育てようとする資質や能力及び態度を考える.次の表10-3-3は育てようとする資質や能力及び態度を示したものである.

表10-3-3 「地域防災リーダーになるには」で育てようとする資質や能力及び態度

知識及び技能	思考力,判断力,表現力等	学びに向かう力,人間性等
地域の自然環境	事象を比較したり,関連付けたりすること	「協同する力」
地域や学校の特色	確かな見通し,仮説を立てること	他者の考えを受け入れ尊重する態度
地域の人々の暮らし	多様な方法からの選択	「他者の考えを理解する力」
調査力	より深い分析,確かな根拠付け	「自分の生活のあり方を見直す力」
コミュニケーション力	より論理的で効果的な表現	防災へと行動する力
プレゼンテーション能力	学びを振り返り,次の学習に生かす力	「社会参画の力」

3) 横断的・総合的な学習を支える「総合的な学習の時間推進委員会」

大規模校のN中学校は,各学年により総合的な学習の時間の年間指導計画や単元指導計画が作成され,学習活動を推進している.全体計画との整合性や異学年と学習内容の段階を意識した取組を行うために,定期的にコーディネーターと各学年担当者などが情報交換や協議を行う「総合的な学習の時間推進委員会」という委員会組織を立ち上げている.「社会に開かれた教育課程」の理

念の下で，校長のリーダーシップによる地域と学校が，地域の安全な暮らしを推進する「地域防災リーダーになるには」を推進している．地域人材を活用し，地域とともにある仕組みを整えた「チームとしての学校」である．

次は，図10-3-2「総合的な学習の時間推進委員会」の運営組織である．

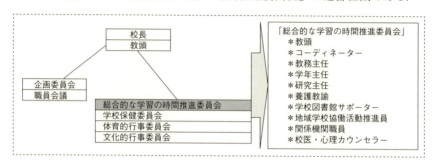

図10-3-2 「総合的な学習の時間推進委員会」の運営組織

(2) 授業プランの具体例
1) 探究課題「地域防災リーダーになるには」(第2学年：15時間)

　地域教材を考えるとき，自分たちの暮らす地域の海が浮かぶ．東日本大震災を受けて，日本列島沿岸は津波を含む非常災害がもたらす影響を考えておかねばならない．非常災害時の自分の役割を考え，学ばせたいと考える．まず，地域の地形や人口分布を調べ，災害時における高齢者や幼児の命を守れる地域貢献のあり方を考えさせ，感じたことを表現させる．自分の考えや思いを学級全体へ広げ，他者の意見に共感し，再考する協同的な学習活動，報告会で相手意識をもって，自分の考えや思いを表現するコミュニケーション力を高める多彩な言語活動を繰り返すこととする．

　地域の地形や人口分布に基づく調査をするために，地域に出かけ，取材や調査で得た情報や知識をもとに課題を明らかにする．さらに，話し合い活動である報告会で現状を踏まえ，対策を話し合う．そして，聞いている他学年生徒や地域住民にわかりやすい提案とする．最後に，より多くの地域住民へ呼びかけるために，「防災安全マップ」を作る．地域住民へ啓発し，地域の未来に繋がる防災を考える学習活動を進める．

学習指導案例
1　単元名
「地域防災リーダーになるには」(15時間)
2　単元の目標
　地域防災における現状や問題点を見付け，防災を推進するために，自分の生き方と結び付けた提案とし，地域防災リーダーに求められる社会貢献への強い意欲と態度を養う。

3　単元の評価規準

	知識及び技能	思考力，判断力，表現力等	学びに向かう力，人間性等
評価規準	①地域防災の現状と問題点を把握し，様々な要因で状況は変化することを知る． ②調査データに基づき，地域の地形や町並み，人々の暮らしへの知識を深め，よりよい防災の推進への可能性を広げる．	①地域の現状を捉え，ウェビング図で自分と他者の考えを比較し，整理している． ②他の生徒と協力し調査したり，地域の人々の意見を聞いたりして，原因や根拠を見付けている．	①地域の防災を進めるために，提案を「防災安全マップ」にまとめている． ②自らの生活や生き方を見直し，防災に向けた地域の暮らしの改善策や対策を話し合い，地域の未来に繋がる考えを創造している．

4　指導と評価の計画

段階	時数	学習活動	評価規準及び主な評価方法	関連教科
課題の設定	3	【単元の目標と学習の流れの理解】 ○単元ガイダンスのねらいと見通しをもつ．「防災」について，クイズで理解する． ○地域の人々とともに生きるため，よりよい暮らしへの可能性を考えさせる防災講話を聞く． 【課題設定】 ○情報を整理・分析し，地域の防災で取り組む個人課題を考え，学習方法を検討する． ○思考ツール（ウェビング法）を活用し，自分の考えと他者の考えを比較させる．	制作物による評価 ・ワークシート ・思考ツールシート ・制作過程の観察 （防災の図）	・保健体育科 「心身の機能の発達と心の健康」 「傷害の防止～応急手当の方法」

情報の収集	3	【情報の収集】 ○地域の防災の対策を考えるために，環境クイズや講話，調査で情報を収集する． ○5地区の人口密集地で，避難経路や避難場所，活用できる公共施設など情報収集する． ○校医や保健師から健康診断状況のデータを得る． ○災害時に持ち出す物と保管場所の確認をする．	観察による評価 ・聞く表情や動作 ・調査による行動 制作物による評価 ・ワークシート ・制作過程の観察	・理科 「地球内部の謎にせまる災害のメカニズム」
整理・分析	2	【整理・分析】 ○研究班で収集した情報を整理・分析する． ・①マップなどを用いた調査データとインタビューや体験で得た実感との比較　②アンケート調査結果の分類，関連付け　③グラフを用いた調査データの分析を経て，自分の生き方を見直し，自分の力が発揮できそうな課題を発見する．	ポートフォリオによる評価 ・インタビュー ・取材メモや感想 ・関係者コメント ・画像や動画 ・調査データ	・社会科 「世界各地の人々の生活と環境」
まとめ・表現	4	【まとめ・表現】 ○避難経路や避難場所，活用できる公共施設の調査結果から考察し，研究班で中間報告会をする． ・5地区に分かれ，根拠に基づく報告を聞き，次なる課題を発見する． ○報告された内容から考察し，研究班で話し合い，プレゼンテーションで共有化する． ・①調査結果の妥当性の判断　②自分の生活や生き方の見直し　③根拠の明確化と提言内容の検討という3つの視点を盛り込み，聞く相手意識に立ち，よくわかりやすく，効果的にまとめる． ・他学年生徒や地域住民にわかりやすく伝える．	パフォーマンス評価 ・根拠に基づき論理的に説明する発表 ・自分の考えをわかりやすく伝えるプレゼン力の観察 ・異なる意見に耳を傾けた批判的・協調的な態度の観察 ・討論する過程 ・ワークシート ・レポート	・国語 「情報を収集しよう」 「わかりやすく説明しよう」 ・家庭科 「家庭内の安全」
実行・振り返り	3	【情報発信】 ○他の研究班の内容と比較し，見直す． ○研究班は教師とのヒアリングでアドバイスを受けながら改善を行う．	他者評価 ・地域住民や関係機関の方々による賞賛や課題コメント	・道徳 「生命の尊さ【D-(19)】」

	○プレゼンテーションの学びを生かした「防災安全マップ」を地域の取材調査で関わった方，関係機関，出身小学校に届けて，関連した方から外部評価を受け，意欲を高める． 【実行】 ○社会の中に生きる一員として，自分にできることを考え，実行する． 【振り返り】 ○自分の学びを自覚し，成長を実感する． ○社会貢献への意欲と更なる課題発見に繋ぐ．	・教師によるヒアリングでアドバイスを受けるときの発言や態度の観察 自己評価や他者評価 ・学びを伝える発言や態度の観察 ・社会貢献へ思い ・評価カード ・学習記録	・道徳「郷土を愛する心【C-(16)】」 学校行事「防災訓練」

(3) 評価のポイント

1) カリキュラム・マネジメントの視点からの評価

「社会に開かれた教育課程」の実現を通じて生徒に必要な資質・能力を育成する学習指導要領の理念を踏まえることが求められている．総合的な学習の時間では，地域の素材や地域の学習環境を積極的に活用することが期待されている．それは，総合的な学習の時間では，実社会や実生活の事象や現代社会の課題を取り上げるからである．本単元では，体験活動を重視し，思考力・判断力・表現力等を育む「考えるための技法」の活用を図った多彩な言語活動を繰り返す．様々な学習場面に探究的な学習活動を構成し，協同的な学習活動を複合的に取り入れた多様で幅広い学習活動を構成している．それは生徒の興味・関心に応じた学習活動の実現を望むからである．このような幅広く深まりのある学習を実践させるには，教員以外の専門スタッフも参画する「チームとしての学校」の仕組みを整えたい．このような取組は，学校を地域に開き，保護者や地域住民との信頼関係を築くことにも繋がる．

外部連携は，校長や教頭，コーディネーターなどの担当者が中心となって，外部人材との連絡・調整を設定する．そして，教師が外部の教育資源である人材や地域の

地域の暮らしマトリクスシート

環境を有効に活用するシステムづくりが必須であろう．このシステムづくりには，日常的な関わり，担当者や組織の設置，教育資源のリスト，適切な打合せの実施，学習成果の発信の五つが大切である．

2) カリキュラム・マネジメントのシステムづくり

　一つに，日常的な関わりについては，地域の祭りや地域住民の清掃活動など地域活動に学校側から積極的に参画していくなどの関わり方が大切になる．それによって，地域とともにある学校としての信頼や協力体制が築かれる．

　二つに，担当者や組織の設置については，コミュニティ・スクール（学校運営協議会）の活用や地域学校協働活動との連携が一層求められる．外部との連携の窓口となる担当者を置き，地域との連絡協議会を設置する．校長や教頭，コーディネーターなど地域連携の中核を担う教師を校内組織に位置付ける．

　三つに，教育資源のリストについては，地域学校協働活動の枠組みを活用し，コーディネーターとなる地域学校協働活動推進員等の協力を得て，地域や学校が期待する学習活動にするために，どのような人材や施設が活用できるか相談し，調整を依頼していくかということも考えられる．

　四つに，適切な打合せの実施については，外部人材への適切な対応を心掛けるとともに，授業のねらいを明確にし，教師と連携先との役割分担を事前に確認し，育てようとする資質や能力及び態度について共有するなど十分な打合せの必要がある．本単元の「地域の防災リーダーになるには」についても，外部人材との情報交換や評価を受けることなど，学習の効果や学習活動の充実にとって大切といえよう．また，外部講師を招くときには，講話内容を十分に打ち合わせておくことは必要である．外部講師を活用することで，どのような資質・能力を育てようとしているか，教師と外部講師で共有することが大切である．

　五つに，学習成果の発信については，学校公開日や学習発表会などの開催を通知したり，学校だよりなどの配付をしたりして保護者や地域住民に総合的な学習の時間の成果を発表する場や機会を設ける．本

タブレット端末による研究班での情報収集

単元のプレゼンテーションによる発表会も参会者に地域住民を対象としている．このことによって，保護者や地域住民は総合的な学習の時間に高い関心を示すようになるとともに，連携することで学校教育へ協力できる喜びや充実感を味わうことにもなる．このような総合的な学習の時間は，生徒の学びと成長だけではなく，保護者や地域住民にとっても，大きな成果が期待されている．

3. ウミガメとともに生きることに力を注ぐ人々「ウミガメ環境学習」（生徒の興味・関心に基づく課題）

(1) 授業の要点と構想
1)「ウミガメ環境学習」の単元構想

日本列島の沿岸にある漁村に位置する全3学級の小規模校のM中学校は，「郷土の貴重で誇れる自然にふれる中で，人と自然の共生の道や人としての真の豊かな生き方を探る」を全体テーマとした総合的な学習の時間「ウミガメ環境学習」を設定する．

本校のウミガメ環境学習が始まったのは，1999年である．それまで，本校の生徒は校区が海と山に囲まれ恵まれた自然環境にあるものの，その恩恵を感じ，自分から働きかけて自然から学ぶ姿は見られなかった．それは，地域の自然環境への興味・関心の低さを物語っていた．そこで，地域の海岸に上陸するアカウミガメ（本県の指定天然記念物，環境省発行レッドデータブック絶滅危惧2類）を学習対象に考えた．そして，アカウミガメが地域の貴重な自然文化遺産であることを50年以上にわたる日本で唯一の上陸観察記録調査から認識させる．そのデータの著しい上陸数激減が地球規模の環境問題と関連していることにも気付かせる．このようにして，地域の自然環境問題に対する興味・関心を持たせるねらいとした．学習の流れは，探究のサイクル【課題の設定】【情報の収集】【整理・分析】【まとめ・表現】の過程を発展的に繰り返し経由するように問題解決的な活動を設計する．次に，地域社会に参画したり貢献したりする資質や能力及び態度を育むために，多様な考え方をもつ他者と適切に関わる協同的な学習活動を多く取り入れる．体験活動を重視し，思考力・判断力・表現力等を育む「考えるための技法」の活用を図った多彩な言語活動を【まとめ・

表現】で繰り返す．様々な学習場面に探究的で協同的な学習活動を複合的に取り入れた構成とする．

2）本単元で育てようとする資質や能力及び態度

M中学校は地域を担うリーダーを育成することを目指している．全教職員によるカリキュラム・マネジメントで，教育課程を編成し，「ウミガメ環境学習」で，地域のリーダーに育てようとする資質や能力及び態度を考える．次の表10-3-4は育てようとする資質や能力及び態度を示したものである．

表10-3-4 「ウミガメ環境学習」で育てようとする資質や能力及び態度

知識及び技能	思考力，判断力，表現力等	学びに向かう力，人間性等
地域の諸課題	事象を比較したり，関連付けたりすること	協同する力
地域や学校の特色	確かな見通し，仮説を立てること	他者の考えを受け入れ尊重する態度
地域の人々の暮らし	多様な方法からの選択	他者の考えを理解する力
調査力	より深い分析，確かな根拠付け	自分の生活のあり方を見直す力
コミュニケーション力	より論理的で効果的な表現	共生する力
プレゼンテーション能力	学びを振り返り，次の学習に生かす力	社会参画の力

3）横断的・総合的な学習を支える全教職員による分掌内容

小規模校のM中学校は，少ない教職員数で校務分掌を担当しなければならない実態がある．総合的な学習の時間においても，全教職員が教科等の専門性を発揮できる指導体制づくりを進めるとともに，計画，運営についても役割と責任をもつことにする．これによって，総合的な学習の時間における教師同士の話し合う場面が増え，全教職員が学年，学級の壁を越え，専門性を生かした組織運営を可能にする．表10-3-5は，全教職員の総合的な学習の時間にかかわる分掌内容である．

(2) 授業プランの具体例

1) 探究課題「ウミガメ環境学習」（第3学年：35時間）

学習対象は地域の海岸に上陸するアカウミガメとする．絶滅を危惧するアカウミガメは，地域にとってかけがえのない生命の神秘を考える教材である．

表 10-3-5　全教職員の総合的な学習の時間にかかわる分掌内容

教職員	校務分掌	総合的な学習の時間における分掌内容
A 教頭		運営体制の整備，地域学校協働活動推進員との調整　関係諸機関との連絡調整，支援団体との渉外
B 主幹教諭	教務主任	計画の作成，時間割の調整，指導の分担と調整．
C 教諭	生徒指導主事，ICT 担当	学習活動時における安全確保，情報機器の整備
D 教諭	1年主任，担任，総合的な学習の時間コーディネーター	校内の連絡調整，研修，相談，カリキュラム開発，探究のサイクルによる学習活動の修正と改善
E 教諭	2年主任，担任，研究主任	学年内の連絡調整，研修，相談，研究計画の立案，校内研修実施
F 教諭	3年主任，担任	学年内の連絡調整，研修，相談
G 教諭	3年担任，進学主任，司書教諭	職業や将来の夢や希望に関わるキャリア教育，高等学校との連携，必要な図書の整備，調べ学習の推進
H 教諭	養護教諭，保健主任	学習活動時における健康管理，健康・食・環境に関わる教育

　まず，ウミガメ合宿で討論会をし，自然と人がともに生きる道を模索させる．次に，ウミガメ合宿で産卵観察をし，たまたまテトラポットの隙間に落ちたウミガメ救助活動をすることとなる．この救助活動を通して，生徒は自分が環境の構成員であるという意識が芽生える．そして，文化祭でウミガメ保護の創作劇「僕たちの未来に生命をつなぐために」を演じる．シナリオ作りから演技の創作過程でウミガメ合宿を再び想起し，共生を捉え直す．さらに，創作劇の観客である地域住民や保護者へ共生を啓発する学習活動を進める．

学習指導案例
1　単元名
「ウミガメ環境学習」（35 時間）
2　単元の目標
　地域の海岸に上陸するウミガメの激減の現状と問題点を見付け，ウミガメのおかれた厳しい環境を知り，環境の構成員として創作劇で共生を啓発し，人として真の豊かな生き方を探る強い意欲と態度を養う．

産卵した卵を保護する生徒

3 単元の評価規準

	知識及び技能	思考力, 判断力, 表現力等	学びに向かう力, 人間性等
評価規準	①ウミガメの上陸数激減の現状と問題点を把握し, 様々な要素や要因で人の関わりや環境は変化していくことを知る. ②ウミガメ上陸数調査データに基づき, ウミガメの厳しい環境への思いを深め, よりよい人の関わりや環境への可能性を広げる.	①地域のウミガメのおかれた立場の現状を捉えるために, マトリクスで自分と他者の考えを比較し, 整理している. ②他の生徒と協力し調査したり, 地域の人々の意見を聞いたりして, 原因や根拠を見付けている.	①自然との共生を進めるために, 創作劇にまとめている. ②自分の生活や生き方を見直し, 自然との共生のための改善策や対策を話し合い, 未来につながる考えを創造している.

4 指導と評価の計画

段階	時数	学習活動	評価規準及び主な評価方法	関連教科
課題の設定	4	【単元の目標と学習の流れの理解】 ○単元ガイダンスのねらいと見通しをもつ. ウミガメ博物館と上陸海岸を訪問し, 自然とともに生きる創造への可能性を考えるウミガメ講話を聞く. 【課題設定】 ○情報を整理・分析し, 地域の環境で取り組む個人課題を考え, 学習方法を検討する. ○思考ツール（マトリクス）をウミガメ, 漁師, 研究者, 国県市の行政職員でできること, できないことでまとめ, 自分と他者の考えを比較させる.	制作物による評価 ・ワークシート ・思考ツールシート ・制作過程の観察	・理科 「2章生命を維持する働き」「生物の移り変わりと進化」
情報の収集		【情報の収集】 ○ウミガメ, 漁師, 研究者, 関係諸機関の現状と問題点を洗い出し, 根拠となるデータを採取する.	観察による評価 ・聞く表情や動作 ・調査による行動	・社会「世界と比べた日本の地域的特色」「自然環境の特色」

情報の収集	9	○地域の海を生活の生業とした漁師のウミガメに対する思いと考えを聞き，人の関わりを知る． ○国県市の関係諸機関のウミガメに対する思いと考えを聞き，行政における関わりと仕組みを知る．	制作物による評価 ・ワークシート ・制作過程の観察	
整理・分析	9	【整理・分析】 ○研究班で収集した情報を整理・分析する． ・①調査データとインタビューやウミガメ合宿で得た実感との比較　②地域住民アンケート調査結果の分類，関連付け　③グラフを用いた調査データの分析を経て，自分の生き方を見直し，自分の力が発揮できそうな課題を発見する．	ポートフォリオによる評価 ・インタビュー ・取材メモや感想 ・関係者コメント ・画像や動画 ・調査データ	・保健 「身体の環境に対する適応能力」
まとめ・表現	9	【まとめ・表現】 ○調査結果を考察し，ウミガメ，漁師，研究者，国県市の行政職員でウミガメ合宿討論会をする． ・4つの立場に分かれた根拠に基づく考えを聞き，次なる課題を発見する． ○テトラポットの隙間に落ちたウミガメ救助活動を想起し，研究班で話し合い，共有化する． ・①調査結果の妥当性の判断　②自分の生活や生き方の見直し　③根拠の明確化と提言内容の検討という3つの視点を盛り込み，聞く相手意識に立ち，よくわかりやすく，効果的にまとめる． ・研究班のまとめを多彩な言語活動で伝える．	パフォーマンス評価 ・根拠に基づき論理的に説明する発表 ・自分の考えをわかりやすく伝えるプレゼン力の観察 ・異なる意見に耳を傾けた批判的・協調的な態度の観察 ・討論する過程 ・ワークシート ・レポート	・国語 「根拠を明確にして意見を書こう」 「話し合って考えを広げようパネルディスカッションをする」
実行・振り返り	4	【情報発信】 ○研究班は教師とのヒアリングでアドバイスを受けながら改善を行う． ○文化祭で「ウミガメ保護の創作劇」を演じ，地域住民，保護者，研究者，国県市の行政職員，出身小学校の方から外部評価を受け，意欲を高める．	他者評価 ・地域住民や関係機関の方々による賞賛や課題コメント	・英語 Unit7 物事を比較するときに使える言い方を知り，説明ができる．

実行・振り返り	4	【実行】 ○ウミガメを通して，地域社会の中に生きる一員として，地球規模を視野において，自分にできることを考え，実行する． 【振り返り】 ○自分の学びを自覚し，成長を実感する． ○社会貢献への意欲と更なる課題発見に繋ぐ．	・教師によるヒアリングでアドバイスを受けるときの発言や態度の観察 自己評価や他者評価 ・学びを伝える発言や態度の観察 ・社会貢献へ思い ・評価カード ・学習記録	・道徳 「かけがえのない命」 「命の重さ」

(3) 評価のポイント

1)「目標に準拠した評価」に向けた評価の観点

　生徒の総合的な学習の時間の評価は，学校が観点の趣旨を明らかにし，観点で生徒の学習状況に顕著な事項があるときには，その特徴を記入する．

　総合的な学習の時間のねらいや育成を目指す資質・能力を明確にし，その特質と目指すところが何かを示したものが，総合的な学習の時間の学習指導要領，第1の目標である．

　第1の目標は，2つの要素で構成されている．

　一つに，総合的な学習の時間に固有な見方・考え方を働かせて，横断的・総合的な学習を行うことを通して，よりよく課題を解決し，自己の生き方を解決し，自己の生き方を考えていくための資質・能力を育成するという，総合的な学習の時間の特質を踏まえた学習過程の在り方である．二つに，総合的な学習の時間を通して育成することを目指す資質・能力である．育成することを目指す資質・能力は，他教科と同様に，(1)は総合的な学習の時間で育成を目指す資質・能力である．(2)は「思考力，判断力，表現力等」を，(3)は「学びに向かう力，人間性等」を示している．

2) 当校における評価の具体

　当校のように，評価規準の項目は，この(1)，(2)，(3)に照らして表示することとする．

学校においては，第1の目標を踏まえ，各学校が総合的な学習の時間の目標を定める．この目標を実現するにふさわしい探究課題と探究課題の解決を通して育成を目指す資質・能力を示した内容が設定される．この目標と内容に基づいた観点を各学校において設定することが求められる．

本校は，創作劇で，地元住民や，保護者，研究者，国県市の行政職員の方々から外部評価をいただき，その後，自分の学びを自覚し，成長を実感させ，社会貢献への意欲とさらなる課題発見に繋ぐ学習活動としている．一人一人の振り返りで進歩や思考過程の変化を捉える評価場面でもある．

第4節
高等学校実践事例

1. はじめに

総合的な探究の時間は，自分の在り方生き方と一体的で不可分な課題を自ら発見し，解決していくための資質・能力の育成，すなわち，生徒が自分にとってより関わりの深い課題を自己制御，調整して社会参画や社会貢献をしていく，自律的な学びの実現を目指している．高等学校での実践事例を紹介する．

2. 教員の組織と役割

(1) 組織づくり

高等学校（以下，高校）では総合的な探究の時間の分掌担当は，教務部，進路部，研究部や研修部，探究の時間推進部などの独立した部が中心となって計画や運営をしていて，学校によって中心となっている分掌が異なる．

高校の規模にもよるが，全体のまとめ役となる主任や部長と呼ばれる全体をコーディネートする教員（以下，全体コーディネーター）と各学年のまとめ役（以下，学年コーディネーター）が運営組織の要となる．

全体コーディネーターは全体計画の作成の中心になるのと同時に全体の調整を行う．また，学年コーディネーターは各学年の毎回の授業の指導案の作成や

学年全体への周知等を行う．指導案の作成は学年全体で担当を決めて分担することが理想であるが，時間や計画の連続性から考えると原案は学年のコーディネーターが作成し，授業担当者に提案して微調整をしてから実践する．学年規模が大きい学校では学年担当のコーディネーターが2人以上いて，分担して業務を行い，効率的に運営できる環境が整うことが望ましい．

学年主導で，学年主任が中心となり行う学校も見られる．その場合でも，全体計画の作成や，PDCAを回して前年度の計画や実践を改善し，次の学年に引き継ぐカリキュラム・マネジメントの観点からは，全体を総括する立場の全体コーディネーターの存在が重要になってくる．

一方，学科を複数合わせ持つ高校の場合は，学年ではなく学科ごとに学科コーディネーターを置くことも考えられる．学科の特性を活かした総合的な探究の時間の実践を行うことが可能となる．

(2) 年度はじめに教員全体での共有

全体コーディネーターは，新年度の早い時期（4月の新学期が始まる前）に総合的な探究の時間の全体像を全職員が共有できる会を持ち，自校の総合的な探究の時間の目標や内容等について全職員に理解してもらう必要がある．新任教員はもとより，新たな学年の担当になった教員にとってもはじめての指導内容である．また，総合的な探究の時間はカリキュラムの核となる時間であることから，全校体制で取り組む体制作りをするためにも全教員で確認する時間を設けたい．

授業担当者だけではなく全教員が内容を把握しておくことは，各教科の授業と総合的な探究の時間がどのように関わり，教科横断的にどのような取り組みができるか，また，進学や就職時の面接指導にどのように活かせるかを考えるきっかけとなるからである．

(3) 授業担当教員の情報共有

同時進行の授業担当者，すなわち同学年の担当者の打ち合わせは，コーディネーターを中心に4月には全体の見通しを確認する．その後は，単元や学期ご

とに確認して各担当者が見通しを持てるよう工夫する必要がある．これらは，学年会議や専門学科の会議などの議事にのせて検討すると，他の教科や行事との調整もしやすい．

　授業ごとの細案の打ち合わせは，授業担当者の構成によって変わるが，時程内に打ち合わせの時間を取り，生徒が実施する内容をロールプレイなどで実践してみる場合もあれば，副担任が授業担当の場合などは，LHRの時間に副担任会議を開催して綿密な打ち合わせをする場合もある．

　毎週打ち合わせの時間を確保することが難しい場合には，1カ月分の細案をまとめて提示し，学年朝礼で確認する例もある．ただし，探究プロセスを進める過程では，生徒の探究の進度が計画していた授業計画とは前後することや，外部連携の日程調整なども考えられる．担当教員も毎時の振り返りと次時の指導計画を再構成し，互いに共有する時間をとることで，より高度な探究を創出することができるだろう．

　コーディネーターは各授業担当者が目標や付けたい力，学習活動の意味や方法を理解してもらえるよう，ポイントを明確に示す．また，探究を進める上で活用するペアワーク，グループワーク，ジグソー法，思考スキルなどのスキルは，各教科の授業でも応用できる．打ち合わせの時間は授業改善の学びの場でもあるという視点を併せ持つことを意識することが，教員の意欲向上につながる．

3. 外部との連携と開かれた教育課程

　学習指導要領では「社会に開かれた教育課程」がキーワードになり，地域の人的・物的資源を活用し社会と連携を図ることで，これからの社会を生きていくための資質・能力を育み教育の目標の実現を図ることが求められている．

　総合的な探究の時間では，生徒が実社会や実生活の諸課題を課題とすることや，そこでの体験活動が課題解決に結びつくなど，学校外での活動が活発に行われることで，探究の質が高度化することが報告されている．外部連携は，単発の講演会での連携，継続的に探究を支えてくれる連携，生徒の訪問先での連携など多様である．外部連携者はリスト化としておくと学校の教育資源となる．

(1) 外部連携の構築

1) 講演会や研修会で来校する外部講師

　総合的な探究の時間では，探究プロセスの様々な場面で外部講師を招聘して講演会を開催することがある．以下は単発の外部講師の授業を想定している．

　たとえば，①探究や研究とはどのようなものか，その意義や具体的な方法を話してもらう講演会．②課題設定をはじめる際に，生徒が探究課題に対して基礎的な知識を持っていないために，現状や課題などをその当事者に話してもらう講演会．③生徒の課題が設定されてから，情報収集として専門家や有識者を招く講演会や実践・実技の伴った研修会．④実際に研究や仕事をしている方から生の声を聞き，生徒が課題を深める研修会．⑤生徒の発表会に審査員として講師に来校してもらう．⑥単元の振り返りなどに，生徒に単元の価値付けをしてもらうための専門家を招くなど，様々なケースが考えられる．

　外部講師を依頼する際には，生徒がどのような課題を持ち，探究プロセスのどのような場面で外部講師の力が必要なのかを説明し，授業内容を共に考えるようにしたい．連携担当の教員と外部講師との打ち合わせによって講演内容も変わるはずである．さらに，生徒の事前の学習や事後の振り返りの場面を設定することで，生徒の興味関心の高まりも期待できる．

　一度きりの講演であったとしても，探究に関わった講師に対しては，発表会などの機会に，再び招待して成果を見てもらい，その際の講評を依頼するなど，関わりを持てるよう単元設計をすると探究プロセスに繋がりが出てくる．

2) 探究の伴走者としての連携

　スーパーサイエンスハイスクール（SSH）やスーパーグローバルハイスクール（SGH）校などで実施されている総合的な探究の時間では，大学教員や研究所の職員，県市町村職員などと，長期間の連携活動を行っている．課題設定やそれに適する研究手法,論文の書き方やまとめ方まで丁寧な指導をいただける．学校では使用できない施設や機材を使っての研究や，イベントを開催するなどの支援をお願いできることもある．

　半面，講師の専門性が高まるほど，課題設定の範囲が狭められ，高校生が自分の興味関心で自ら課題を設定することが難しい場面も出てくる．この様な状

況の中でバランスをとるためには事前の打ち合わせが大切になる．複数回の授業に関わる場合や長期間継続的な連携の依頼をする場合には，直接出向いての打ち合わせが必要だろう．特に，外部講師は生徒の現状を日常的に見られるわけではないので，相互に情報交換をしながら綿密な打ち合わせをして進める必要がある．

　外部講師と生徒が直接連絡を取り合うことも考えられるが，教育現場をサポートするクラウドサービスを利用して外部講師と授業担当者，生徒をグループとして，連絡を取り合うという方法も考えられる．生徒から湧き出た疑問をその都度専門家である外部講師に質問できる利点がある．また，外部講師も時間のある時に返信ができる．授業担当教員にとっても，進捗状況や，外部講師とのやり取りを把握することができる．

3）フィールドワークでの連携

　生徒が課題解決に向けて，フィールドワークや実地調査をする場合には，校外活動で多くの連携先を訪問することが想定される．

　地域で活動する場合には生徒が自分で連絡を取り，取材依頼の交渉をして臨むことが多い．課題に対して訪問先が適切であるか，訪問先の迷惑にはならないかなど，気を配りたい．次年度以降も同じ訪問先に同様の課題を持った生徒が訪れる可能性がある．持続可能な関係を構築できるよう，学校として，最善の礼儀を尽くしたい．地域企業や商店街，農協，個人など多様なケースが考えられる．

　また，海外での現地フィールドワークや文化交流，高校生とのディスカッションなどグローバル課題に取り組む学校も増えている．現地連携校の先生方と継続的に意見交換をして，教員・生徒共にテレビ電話などを通じて交流を行っておくことも相互理解には欠かせない．各国大使館，JICA，海外企業，現地の日本人留学生などとの連携も密にしておきたい．

　当然ではあるが，校外での活動に関しての安全教育や安全対策を整えることや，外部講師に対する礼儀や社会人としてのマナーや立ち振る舞い，電話の対応方法などを事前指導することなど基本的なことは徹底したい．

(2) 連携の推進

1) 地域コーディネーターとの連携

　近年，島根県や広島県などでは地域コーディネーターが総合的な探究の時間にも関わり，学校と地域をつなぐことがある．生徒の課題によって企業や商店，地域で働く人，または，地域の有形資源である歴史的な建造物や公共施設，無形の資源である伝統芸能，祭り，地場産業など人や物とつないでくれる．

　公立高校の場合は教員の人事異動があり地域住民との連携が継続できない場合もあるが，地域コーディネーターが存在することで継続性が担保できる．

　教員と地域コーディネーターが連携し，役割分担を明確にして実践を進めることで，教員の多忙化改善にもつながる．今後，外部連携を任せられる窓口となる地域コーディネーターの役割は大きくなるだろう．

2) 学校間連携

　高校では，探究の成果発表会などを都道府県単位で行う．県外の同じような課題を探究する学校で集まりシンポジウムを開催するなどの動きが出ている．修学旅行先で県外の高校同士が，また，海外連携校で高校生同士がディスカッションの場を持つことや，SSH生徒研究発表会や，SGH生徒課題研究発表会，SGH甲子園などで発表やラウンドテーブルを行うことが定着してきた．他校の取り組みを高校生同士が学び合うことは刺激となり，探究の質の高まりにつながる．

　多様な外部連携をすることで，各教科で習得・活用してきた学びを発展させ，社会に出て探究することができる．生徒が外部講師の話を聞くことで実社会や実生活を知り，実践の場を経験する体験を視野に入れてカリキュラム・デザインすることで探究の高度化が図れるであろう．

　国内外の高校，大学等との姉妹校締結や国際連携協定の締結など正式な形をとることによって，継続性のある相互連携を可能とする場合もある．

4. 指導計画

　総合的な探究の時間の単位数は3単位〜6単位の確保が基本である．同一学年で3単位行う場合もあれば，各学年1単位ずつ行う場合もある．探究課題

も学年ごとに変わる場合もあれば，3年間統一課題で取り組む高校もある．総合学科では「産業社会と人間」と並行して総合的な探究の時間を行う場合，1年次に「産業社会と人間」の履修を終えてから，2年次以降で数単位まとめて行う場合がある．

(1) 全体計画（p.185 参照）

　総合的な探究の時間の全体計画は，学習指導要領第4章 総合的な探究の時間第2 各学校において定める目標及び内容にあるように「1目標　各学校においては，第1の目標を踏まえ，各学校の総合的な探究の時間の目標を定める．」「第2の3各学校において定める目標(1) 各学校における教育目標を踏まえ，総合的な探究の時間を通して育成を目指す資質・能力を示すこと」とある．

　総合的な探究の時間の目標と学校の教育目標を勘案した，各校の総合的な探究の時間の目標を設定するためには，現在目の前にいる生徒にどのような資質・能力をどのように伸長させるかを，教師自身が協働して模索し，設定していく必要がある．

　管理職のリーダーシップのもと，たとえば全教員でワークショップを行い，現在の生徒に求められる資質・能力は何かを探る方法もある．全教員が参加して「自校の生徒の良い所」「課題と思われる所」「伸ばしたい力」などを付箋で出し合い，KJ法でまとめ，マトリクスで整理してどのような資質・能力を付けられるようなカリキュラムをデザインするかを教員間でも共有することが大切である．

　毎年，前年度の全体計画を見直す機会を，年度の最後か新たな担当者が決まった年度はじめに持ち，前年度の課題を改善して実践に入ることが重要である．

　「探究課題」とは生徒が探究に関わりを深めるひと・もの・ことを示したものであり，生徒が課題を探究する事を通して学ぶという学習過程も重要視する．現代的な諸課題に対応する横断的・総合的な課題，地域や学校の特色に応じた課題，生徒の興味・関心に基づく課題，職業や自己の進路に関する課題などが挙げられるが，これらは関連しているので，どこに重点を置くか優先順位を考えて適切な「探究課題」を設定することになる．

(2) 年間指導計画

年間指導計画はその年度の学習活動に見通しを持つために，1年間の学習活動を構成要素としたものである．様式は多様であるが，単位数，単元名，主な学習活動，活動の時期，予定される時数などを記入する．学年間の関連や教科との関連を明確にして作成すると有効活用が期待できる．

(3) 単元計画

単元計画を作成する時には全体計画を踏まえて生徒が設定する課題を何通りか想像して探究プロセスを見通してみる．一人の教員だけではなく，授業担当者で集まって動機付けや，モチベーションを維持するための仕掛け，どこで実社会や日常生活との接点を創出するかなどを構想して作成する．すでに単元計画ができている場合も，毎年，時間数や教材などの修正をする必要がある．

(4) 単元配列表（p.193 参照）

総合的な探究の時間と各教科や学校行事が一枚にまとめられているため，教育活動全体を俯瞰できるので，教科等間の関連も見え，どの資質・能力をどの時期にどの授業で付けられるのかということも分かりやすくなる．

(5) 学習指導案（p.190 参照）

毎時の授業で，学習指導案を授業担当者が共有する必要がある．本時の目標と学習の展開，評価など内容を絞って作成することも考えられる．生徒用のワークシートと学習指導案を毎週作成することになるので，前年度のものを改良して使用できるよう，資料の蓄積をしておくとよい．

(6) 評価

全体計画に示された学習評価の観点を元に，自己評価，他者評価，教員評価などにより，ルーブリック評価やポートフォリオ評価が行われている．

○○年度　総合的な探究の時間　全体計画

〈　教育課程上の名称：　　地域創生学　　〉

学校名	○○高等学校
学科名	普通科

生徒等の実態	学校の教育目標／育てたい生徒像　等	保護者、教職員の願い
学習と部活動の両立を目指し取り組んでいる生徒が多い。9割以上の生徒が大学進学を目指している。まじめで素朴な明るい生徒が多い。	学校の教育目標から、特に育成したい力を3つにまとめて、目標とする。 ○ 挑戦する力 ○ コミュニケーション力 ○ 論理的思考力	豊かな人間性の育成と学力の向上への願いが大きく、将来は地域社会における貢献を期待している。
		地域の願い
		地域のリーダーとなれる生徒の育成

総合的な探究の時間　目標	・各教科で獲得した基礎的・基本的な知識・技能を統合・活用し、自ら設定した課題に主体的に取り組む。 ・他者の考えを受け入れ尊重した上で、自らの意見を論理的に述べることができる。 ・社会の抱える問題に対して、協働して解決策を提案することができる。 ・さまざまな活動を通して、自己の在り方・生き方を考えることができる。
育成を目指す資質・能力	各教科で得た知識・技能を統合・活用し、探究を行うことにより、主体性および他者と協働する資質・能力を育み、挑戦する力を育む。さらに地域社会と関わり、また現代社会が抱えるさまざまな問題に取り組むことにより、「地域に貢献したい」「グローバル化がすすむ社会の中で活躍したい」といった意識を持った生徒を育成する。その過程で、地域と関わりコミュニケーション力や多面的・多角的に物事をとらえ、論理的に思考する力を育む。

	第1学年	第2学年	第3学年
テーマ	地域創生Ⅰ～地域活性化～	地域創生Ⅱ～グローバル課題～	地域創生Ⅲ～自己実現への道～
単位数	1単位	1単位	1単位
実施時間帯	水曜日6時限目	木曜日6時限目	火曜日6時限目
対象生徒数	280名（全学年）	280名（全学年）	280名（全学年）
指導人数	10名	14名	8名
探究課題	・地域活性化に向けた特色ある取組	・持続可能な開発目標（SDGs）の視点でグローバルな課題に向かう	・働くことの意味や価値と社会貢献及び自己実現
学習活動	①探究の基礎を学ぶ ②地域創生フィールドワーク ③班のテーマ設定、情報収集 ④課題解決の実践をする ⑤報告会ポスター発表を行う	①1年間の成果をポスター発表 ②世界の課題を学ぶ ③課題を設定 ④海外研修でフィールドワークと海外大学での発表 ⑤情報を整理分析して課題解決を探る	①2年生の発表でアドバイス ②探究と自己の在り方生き方をつなぐ ③エッセイを作成 ④ラウンドテーブルで発表 ⑤振り返り
指導方法 指導体制	副担任を中心として、クラスごとに進捗状況の把握を行う。総合学習コーディネーター3名が外部指導者との連絡調整を行う。	担任7名と副担任7名で指導をおこなう。14講座に分かれ、健康、環境、貧困、福祉、食、生命の尊厳、安全な町などのテーマ別で行う。	学年主任1名と担任7名が中心となり、学年全体で指導を行う。
各教科科目との連携	国語科：ディベートを行い論理的思考力を伸ばす。 地歴・公民科：公共で地域活性化に取り組む。 数学科：統計学を整理分析で活用する。 理　科：自然災害と防災について学ぶ。 保体科：身体での表現方法を学ぶ。 家庭科：地域活性化について学ぶ。 芸術科：デザイン思考の視点を学ぶ。 外国語科：ディベートを行い論理的思考力を伸ばす。	国語科：論理的に話す力を伸ばす。 地歴・公民科：過去に学び未来を創造する。 数学科：論理的に課題に取り組む。 理　科：自然災害と防災について学ぶ。 保体科：環境と健康との関係を学ぶ。 家庭科：地域活性化を学ぶ。 芸術科：デザイン思考の視点を学ぶ。 外国語科：ディベートを行い論理的思考力を伸ばす。	国語科：エッセイでの表現を学ぶ。 地歴・公民科：現代社会の諸問題を知る。 数学科：統計学を整理分析で活用する。 理　科：科学的な手法で活用する。 保体科：健康維持について思考を深める。 家庭科：日常生活から課題を発見する。 芸術科：デザイン思考で課題を解決する。 外国語科：コミュニケーション力を高める。
【評価の観点】 評価規準	地域に興味・関心を持つとともに、自分で課題を設定できる。 自分と異なる意見に対して考察を深め、探究した成果をもとに的確に意見発表をすることができる。 社会の事象に関心を持ち、異なる意見に対しても考察を深めることができる。	地域や世界に関心を持ち、課題解決を目指して、他の生徒協力しながら、探究活動に取り組もうとする。 課題解決に必要な情報を収集・選択・分析し、考察を深め、的確に発表することができる。 自分と世界との関わりを認識し、自らすすんで探究活動に取り組み、社会に貢献しようとする意欲を持つことができる。	自己を見つめ、自らの将来設計に関する課題に積極的に取り組もうとしている。 自ら設定した課題に対し、多角的・多面的にとらえ、文章で表現できる技能を身につけている。 1年・2年で獲得した思考力・判断力・表現力を活用して、課題を解決することができる。
評価方法	探究活動への取り組み状況およびポスターセッションなどによる発表について、自己評価・相互評価・教員による評価を行う。	探究活動への取り組み状況およびポスターセッションなどによる発表について、自己評価・相互評価・教員による評価を行う。	探究活動への取り組み状況およびエッセイなどによる発表について、自己評価・相互評価・教員による評価を行う。

5. 教師の関わり

(1) 地域創生Ⅰ～地域活性化～

　4月には，オリエンテーションを行い，「地域創生学」の目的や目標，活動内容を周知する．2年生の「地域創生プロジェクト発表会」に参加し，上級生の探究を知り，これからの活動の見通しを持たせる．中学校までの探究的な学習を振り返り，より探究の過程が高度化し，整合的，適合的，鋭角的，広角的，俯瞰的になる実践になるよう意識させる．探究に必要なスキルを，実践を通して学べるよう支援する．思考ツールやグループ活動での話し合いのルールなどの確認をする．

　6月からは，課題の設定をするために地域について学ぶ時間を設定する．県庁職員，市役所職員，地域おこし協力隊，観光協会職員，駅前商店街会長，市立博物館学芸員，物産店役員を招聘し，地域の人口問題，地域イベントへの来場者数の推移，特産物の販売状況など7ヶ所で現状や課題を講演してもらい，生徒の理解を深める．

　次時には異なった講演を聴いた生徒で班を作り，それぞれが得た情報を共有する．情報量も増えるだけではなく，発表や傾聴の機会にもなる．

　インターネットやパンフレットの情報も活用して情報量が増えた所で，班ごとに興味関心と見通しのもと，テーマを設定し，活動計画を立てさせる．活動計画書には，①テーマ②テーマ設定の理由③行動の内容と日程を記入する．

　夏期休業中の決められた日に情報収集のためのフィールドワークを行う．フィールドワークの計画書は目的，情報収集の方法，訪問先等詳細に記入させ，安全対策には注意する．現地調査，インタビュー，フリップボード，アンケート調査，講演会参加，研究室を訪問して観察・実験などを行う．

　10月には中間発表としてレジメにまとめて発表をする．ここまでの実践をまとめて振り返らせることと，他班の探究を知ることによって進捗状況の確認をさせる．また，質疑応答などを通して内容を深化させる目的がある．

　中間発表会での指摘や意見を班内で検討して追加の情報収集や，解決策の実践をして探究を深める．3月にはフィールドワークやまとめのためのレジメや

スライドの作成をする．

2年生のはじめには県民文化センターにおいて，「地域創生プロジェクト発表会」を全校生徒が参加する形で行う．学校評議員，同窓会，連携先，保護者などを招待するとともに，広報誌で地域にも広報し一般にも公開する．2年生は，地域創生の案を発表し，県庁総務課長や市長などにも案を提案する．3年生は積極的に質問や意見交換をする．1年生は，2年生の姿をロールモデルとして，今後の探究の見通しを立てる．

(2) 地域創生Ⅱ～グローバル課題～

グローバル課題として持続可能な開発目標（SDGs）の17の目標の中のどれかと関連付けて課題を設定する．海外研修でのフィールドワーク内容を検討する．地域と海外を比較して解決策を検討し，実戦可能な具体策に取り組む．

7月には5泊6日の海外研修で現地調査や実践を行う．海外連携校で交流発表会を行う．帰国後はグローバル課題と地域課題を比較して地域創生に向けての成果と課題を明確にする．実践が続いている班は実践を継続し，並行して整理分析をする．

3月には2年間の振り返りを個人，班それぞれで行う．有識者を招いて「地域創生」の授業の価値付けをしてもらう．

(3) 地域創生Ⅲ～自己実現への道～

2年生の「地域創生プロジェクト発表会」に参加し，2年生の発表に対してこれまでの経験を基に質問や意見を述べられるよう指導する．

これまでの探究と自己の在り方生き方の視点を関連付け，幅広く深く探究を掘り下げ，エッセイとしてまとめる．エッセイを基に1回目のラウンドテーブルで報告し合う．じっくりと話をするため，1人の発表を30分，質疑応答を20分で行う．他者からの感想や意見を参考に各自のエッセイの推敲をする．担当教員との面談も行いエッセイの精度を高める．

9月から2回目のラウンドテーブルでエッセイを報告し合う．1度目と同様に他者からの感想や意見を参考に各自のエッセイの推敲をし，最終稿を完成さ

せる．全員のエッセイを冊子にまとめ，各自に配布する．図書室等でも閲覧できるようにして，卒業生の実践を蓄積し，次年度の生徒の資料とする．

地域創生学（総合的な探究の時間）

□ 第1学年　年間指導計画

「　地域創生Ⅰ～地域活性化～　」　1年生　　（1単位）			
活動時期	時数	プロセス	主な内容
4月～5月	5	導入	・4月にはオリエンテーションを行い，これからの活動の意味を理解する． ・2年生の「地域創生プロジェクト発表会」に参加し，これからの活動の見通しを持つ．探究とはどのようなものかを知るために，探究の基礎を学び，探究のプロセスを体験する．探究に必要なスキルを，実践を通して学ぶ．
6月～7月	8	課題設定	・地域創生をするための班ごとのテーマを決める．
8月～10月	11	情報収集	・地域創生をするためのテーマを決めるために，夏季休業中の1日を使って，フィールドワークを行い，アンケート調査やインタビューをして情報収集をし，分析をしてまとめる．10月にはレジメを使っての中間報告会を行う．
11月～3月	9	整理・分析	・追加の情報収集を行い，マトリクスなどで整理して，課題に対する対応策を考え，仮説を立て，高校生として解決可能な実践をする．その結果をさらに分析する．
3月	2	まとめ	・4月の発表会に向けての資料作りをする． ・1年間の振り返りをする．

□ 1年生が選んだテーマ一覧

テーマ	概要
地域の文化を広める	地域のパワースポットについて調査し，多言語でパワースポットのパンフレットを作って観光地で配布した．
特産品で商品開発	土産店をリサーチし，地域の和菓子店と連携して地産の材料でブドウ大福を作り，地域の祭りで販売した．
人口減少改善と観光	県外に出ていく理由などを年代の異なる950名にアンケート調査し，結果を県に報告．空き家の再利用や高校生サミットを行い地域の活性化に挑んだ．
自然災害に備える	環境省，環境科学研究所などで地域の災害について学び，避難所までのルート地図の作成，防災トランプを作成して小学生の防災意識を高めた．
環境保全	観光地のゴミ問題に取り組んだ．現地調査でゴミの多い地域を明らかにし，ゴミ拾い活動をした．
世界に発信	地域の祭りでの英語での観光案内や地域の店を紹介したパンフレットを作成して配布した．
動物園の入場者倍増	入場者数の伸び悩んでいる動物園の職員に取材して現状把握．来場者の年齢や性別，来園目的を明確にし，イベントを開催した．動物の見せ方の工夫などの提案をして，園の職員と共にふれあいコーナーを作った．

第4節 高等学校実践事例

□ 第2学年 年間指導計画

「 地域創生Ⅱ～グローバル課題～ 」 2年生 （1単位）			
活動時期	時 数	プロセス	主な学習内容
4月	2	表 現 （発表）	・1年間の探究をポスター発表する．「地域創生プロジェクト発表会」は県民文化ホールにおいて一般公開で行う．県庁総務課長や市長などに地域創生の案を提案する．各班が連携した市役所職員や地域の方，保護者も招待する．1年生に理解してもらえるようなプレゼンテーションを心がける．
4月～7月	14	実 践	・世界の課題（SDGs）から課題を設定して，海外研修でのフィールドワーク内容を検討する．地域と海外を比較して解決策を検討し，実践可能な具体策に取り組む．
7月	学校 行事	情報収集 発表	・海外研修で，フィールドワークを行う． ・海外連携校で，交流発表会を行う．
9月～12月	14	整理・分析	・実践から得られたことを振り返り，グローバル課題から地域創生に向けての成果と課題を明確にする． ・実践が続いている班は実践を継続し，並行して整理分析をする．
1月～3月	5	まとめ・ 表現	・3月には2年間の振り返りを個人，班それぞれで行う．有識者を招いて「地域創生学」の授業の価値付けをしてもらう．

□ 2年生が選んだテーマ一覧

テーマ	概　要
貧困層に医療を届けるにはどうしたらよいか 【目標1　貧困】	海外研修で得たデータから貧困の現状を知り，日本の非政府組織の可能性を探り，日本の医療機関とNPOの活動が成果をあげている事がわかり，高校生として参加した．
生命の尊重 【目標3　健康と福祉】	生命について多角的に学び，海外では総合病院と福祉施設を訪問し，海外での医療・福祉の現状をデータ化した．日本では介護施設で暮らす高齢者に運動をすることで健康維持を図ろうと，Eスポーツの新たな方法を提案し，実践した．参加した高齢者の運動能力の上昇が見られ，生きがいを感じられるという感想が90％を越えた．
地域の伝統産業「和紙」を世界に広めるにはどうすればよいか 【目標4　教育】	1年生で地域には伝統的「和紙」産業があることを知り，和紙を世界に広めようと，和紙作りワークショップを国内では留学生に，海外研修では現地の人を集めて延べ150名と行った．習字や茶道での和紙の利用を通して普及に貢献した．
心身の健康とストレス社会の問題 【目標8　労働と経済成長】	日本と海外のストレスの違いをアンケート調査で明らかにした．また，職場や学校でのストレスについて心理カウンセラーから現状を聞き，軽運動の推進や意識改革の方法を考え実践した．
地震に備えるには 【目標11　まちと暮らし】	国によって，防災対策に差があることがわかった．災害に強い町作りの例を集め，地域での防災意識啓発と，保幼小中高校と地域合同の防災避難訓練を計画し，運営した．
フェアトレードを主流にするには 【目標12　生産と消費】	発展途上国の現状に課題を感じ，日本でも商店や消費者にアンケート調査をした．JICAとの連携でフェアトレード商品の普及をした．
生物多様性をどう守るか 【目標15　陸の安全】	熱帯多雨林のパームオイル産業に関連する施設で，課題発見して，環境保護と経済発展という観点から考察し，再生可能エネルギーの利用について研究し提案した．

高等学校第2学年　総合的な探究の時間　学習指導案

1　日時　　○月○日　　○校時
2　クラス　　2年　○組（健康と福祉　班）
3　単元（探究課題）　地域創造Ⅱ　グローバル課題～生命～（生命の尊厳と医療や介護の現実）
4　単元（題材）の評価の観点

知識・技能	総合的な思考力・判断力・表現力	学びに向かう人間性
看護・医療・福祉について関心を持ち、現代の医療の課題について意欲的に考えようとする．	社会の一員として、生命の尊さについて考え、判断し、医療人となることへの認識を深めている．実験や実践的な学習を通して、学んだことを表現している．	看護・医療・福祉について具体的に理解し、自己の将来の進路に役立てるよう取り組んでいる．

5　単元（題材）について
　(1) 教材等
　　　人の死の定義や高度医療を通して、生命の尊さについて考えさせる．
　(2) 指導計画等（時数）　（35時間の講座別授業の中の12時間目）

回数	時数	テーマ	内容
1	1	1年生の探究のポスター発表	生き甲斐，価値観，将来どのように生きたいか．
2	1	振り返り	探究の次のステップに進む．
3	1	インフォームドコンセント	患者中心の医療を考察する．
4	1	家族・家庭のあり方	少子化・子育て・核家族・高齢化をジグソー法で議論．
5	1	安楽死・尊厳死	オランダの例から考える．
6	1	緩和ケア	ホスピスについての意識調査を行う．
7	1	緩和ケア	海外のホスピスの現状を日本と比較する．
8	1	医療従事者としての在り方	新聞と書籍より医療や介護従事者の現状と課題を探る．
9	1	予防医療と食品	生活習慣病の現状と地域特産品，大豆料理で健康増進．
10	1	在宅医療の可能性	在宅医療と介護連携を推進する方策の検討．
11	1	再生医療	iPs細胞・ES細胞・移植について比較検討する．
12	1	臓器移植と生命倫理	生命の尊厳について家族の立場から考察する．
13	1	医療過誤	医療事故の裁判について知り，発表し合う．
14	1	生命の尊厳	杉原千畝の生き方から命の重さを考える．
15	1	医療のあり方	医師の偏在・患者の権利を現代社会から問う．
16	3	海外の医療の現状をまとめる	海外フィールドワークを終えて，データの整理をする．
17	4	福祉施設でフィールドワーク	日本の医療現場と福祉施設の現状をリサーチする．
18	4	海外と日本の医療現場の比較	海外と日本の比較から，課題解決の方法を模索する．
19	2	課題解決の方法実践	Eスポーツを高齢者が考え，実践する．
20	4	実践の成果と課題をまとめる	実践からEスポーツの可能性を検証し考察する．
21	4	再び課題を改良して実践	Eスポーツを高齢者に考えてもらい，実践する再チャレンジ．
22	2	まとめ	データの整理と分析をする．
23	1	リハーサル	発表のリハーサルを行う．
24	2	振り返り	有識者による「地域創生」の価値付けを行う．

6　本時の主題及び目標
　　主題　「臓器移植と生命倫理」
　　目標　臓器移植法の施行を通して，生命の尊さを理解し，自他の生命を尊重する意識を高める．

7 題材において身につけさせたい力
(1) 教科・領域の学習内容から
　　生命の尊さについて考え，医療や福祉に携わる人となることの認識を深める。
(2) 道徳教育（人間としての在り方生き方）から
　　生命の尊さを理解し，かけがえのない自他の生命を尊重することにより，医療人としてまた，一人の人間として，自己の在り方生き方について考える。
(3) 言語活動の充実から
　　学び方やものの考え方を身に付け，自己の考え・意見を発信する力（コミュニケーション力）を育てる。

8 学習の展開

区分	学習項目	学習活動	指導上の留意点	教材・主な言語活動
導入 (10分)	・本時の主題と目標の確認 ・臓器移植について	・臓器移植法の改正について経過を知る。 ・脳死基準について復習する。 ・新聞を利用して，日本での臓器移植の歴史を理解する。 ・世界の国々の臓器移植の現状を知る。	【知識・理解】 ・脳死・臓器移植について理解する。 【NIE】との関連を図る。 ・時事問題を新聞や書籍から読み取り，理解させる。	・新聞・書籍
展開Ⅰ (20分)	・臓器移植法の利点と課題 1 改正臓器移植法について，あなたはどう考えますか。 （利点と課題を挙げ，その理由を記述してください。） ・班での話し合い ・全体で発表	・本人の意思確認及び子どもの心臓移植への配慮等臓器移植法の利点と課題について考える。 ・班内で意見交換をする。 ・班ごとにまとめ発表し，他の班の意見を確認する。	・本人の臓器提供拒否の意思表示がない場合，家族の承諾により臓器摘出が可能になったこと及び子どもの心臓移植が可能になったことを資料により確認し，考えさせる。 【思考・判断・表現】（発表の能力） ・班の中で自分の考えを発表させる。 ・広い視点で脳死，臓器移植について考え，課題とその理由について発表できるよう補助する。	・資料 ・ワークシート 〔記述〕 〔根拠の記述〕 ・定型文の利用 〔班ごとの話し合い〕 ・自分の考えの表現 〔発表し合う〕 ・代表の発表
展開Ⅱ (10分)	・ドナーカードについて 2 あなたはドナーカードを持ちたいと思いますか。持ちたくないと思いますか。（その理由を記述してください。） ・個々の意見の発表	・臓器提供意思表示カードについて知る。 ・付箋に書いた自分の考えを黒板に貼り付け，発表する。	・付箋に自分の意見と理由を書き，黒板の「持ちたい」「持ちたくない」の枠の中に貼る。 ・文章で自分の考えを表現させる。 ・他者の考えを知り，命の重さについて熟考する。	・ドナーカード（実物の提示） ・付箋 ・板書 〔記述〕 〔根拠の記述〕 ・自分の考えを明らかにし，その理由を述べることができる。
終結 (10分) 計50分	・生命の尊さについて ・まとめ	・一人の人間として，また医療人として，生命の尊さについて考えたことを記述する。	【思考・判断・表現】 生命の尊さについての考えを深めている。	・ワークシート 〔記述〕

9 評価

評価の判断 〔具体の評価B〕	Aの状況を実現していると判断する際のキーワード及び具体的な姿の例	Cの生徒への手だて
評価1【思考・判断・表現】 ・生命の尊さについて考え、社会の一員として医療人となることの認識を深めている。	・ワークシートの記述が、自己の経験、学んだ知識と関連させ、思考を深めている内容であり、その考えを表現に生かしている。	・ワークシートの記述が不十分の場合は自己の経験や学んだ知識を振り返らせ、確認し、表現方法の例を示す。

○授業者所感
・生徒は、ドナーカードを所持したいか否かの理由として、所持したい者の理由もしたくない者の理由も「親からもらった大切な命だから、かけがえのない命だから。」と記していた。「尊い命だから、他人のものにしたくない。」「尊い命だから、誰かの役に立ちたい。」と、同じ理由だが、結論が異なることを知り、生徒は深く考え、意見交換をする中で、自他の生命について深く掘り下げて考えることができたと記していた。

○学習教材 書籍
・小松美彦・市野川容孝・田中智彦著『いのちの選択～今、考えたい脳死・臓器移植』(2010)

□ 第3学年 年間指導計画

「 地域創生Ⅲ～自己実現への道～」 3年生 （1単位）			
活動時期	時数	プロセス	主な学習内容
4月	2	振り返り	・2年生の「地域創生プロジェクト発表会」に参加し、2年生の発表に対してこれまでの経験を基に質問をしたりアドバイスをしたりする。
4月～7月	18	まとめ・表現	・自己の在り方生き方の視点をこれまでの探究に加えて、幅広く深く掘り下げる。 ・エッセイとしてまとめる。
9月～10月	12	整理・分析	・エッセイを基にラウンドテーブル（1回目）で報告し合う。他者からの感想や意見を参考に各自のエッセイの推敲をする。 ・担当教員との面談を行いエッセイの精度を高める。 ・ラウンドテーブル（2回目）で報告し合う。 ・1度目と同様に他者からの感想や意見を参考に各自のエッセイの推敲をする。
12月	3	まとめ・表現	・最終稿を完成させ、提出する。 ・3年間の地域創生学の振り返りをする。

第4節　高等学校実践事例

□ 単元配列表の例

	4月	5月	6月	7月	8月	9月	10月	11月	12月	1月	2月	3月
現代の国語	読書と読書	意見文を書く	小説	スピーチ・情報を統み取る				ディベート			評論	未来をつくる想像力（意見文を書く）
公共	新たな視点で情報収集	社会的な職業の自立と情報収集		情報を統み取る社会参画	思考ツールを活用して整理分析する	国際政治の動向と社会の役割	模擬選挙・模擬投票	実社会の課題に向かう確率	外部講師の講演	社会の課題発見・課題解決に向けてのESD	探究活動
数学I	式の計算	論理の組み立て	二次関数	データ分析	データ分析・集合と命題	情報の分析					整数の性質	論理的思考
生物基礎	生物の多様性と共通性	論理の組み立て	気候とバイオーム 生態系の保全	生態系の保全		胃腸と肝臓	神経とホルモンによる調節・免疫	免疫細胞を劇で表現する		DNAの複製を論理的に説明する	遺伝情報の分配	ポスター作成
総合的な探究の時間 地域創生学I	生態系の継持と探究 探究の基礎	探究の継続と発信 情報収集・発表	情報収集 データ決定の探究	探究の基礎 課題設定	課題設定		情報収集		情報収集を劇で表現 実践する	得られた情報を整理分析し、実践する		まとめ
体育	導入（探究を経験） 集団行動	集団行動	武道（剣道・柔道）	コミュニケーション力		球技I（ソフトボール・バレーボール）チームプレイ		球技II（サッカー・バスケットボール） 情報収集と劇で表現				
保健	健康の考え方と成り立ち・運動・休養・意思決定や行動選択					健康の保持増進と疾病の予防	情報収集と病気の予防		日常生活と健康	心の健康のために心肺蘇生の原理を行い方		
音楽I	ポピュラーの音楽の楽しみ	様々なジャンルの音楽と楽しむ				シナリオ一芝居でつくろう 劇映画の楽しみ		音楽と伝統		合唱の響き コミュニケーション班活動		
美術I	鉛筆で描くデッサンが動き出す！ 表現方法を工夫する			成果物作成 読書感想画		デザイン思考	デザインを考える	小作中彫刻、製作に向けてイメージを変えよう		日常を記す プレゼンテーション		
書道I	高校での目標を書こう 好きな文字を自由に書こう		自由な表現		生活の中の書	漢字の書の学習・書体変化の学習 拓本を取る			身近な言葉で書を創作しよう 書道パフォーマンスをしよう			
英語コミュニケーションI	自己紹介の手紙の形式、あて手紙を書く場面・Eメールで自分の近況を説明する	自分らしい人生を自由に設計する	情報社会とわたしたち 情報化が社会に及ぼす影響と課題	グループワーク		好きな映画や小説を外国人に紹介する	日本の伝統文化を外国人に紹介する	環境問題と、それに関する各自の取り組みについて発表	グループで今学校のある地域の魅力を紹介する	校外に発表		
家庭基礎	モデル・アパレルショー	高校総体	学園祭	野球応援		SDGsを学びの実践と情報収集 課題解決に向けての実践と情報収集		文化祭	研修旅行	高齢社会・健康について発表を伝達 情報の表現と伝達		
社会と情報	入学式・対面式		クラス活動			英語暗唱大会 グローバル	ビブリオバトル	地域を表現	広島と比較	レポート作成・発表用スライドの作成・動画編集	スキー教室 卒業式	
特別活動	クラスづくりエンカウンター コミュニケーション力									百人一首大会 論理的思考	自然と健康	振り返り 挑戦する力

課題設定… ／ 情報収集… ▨ 整理・分析… ▧ まとめ・表現… ▦

上段　単元
下段　探究プロセスとの関係

第10章　総合的な学習の時間の事例

> チェックリスト

セルフチェックをしながら，自校の実践を見直し，内容の理解を深めましょう．
できている所にチェックをしていきましょう．

カリキュラムデザイン
- ☐ 総合的な探究の時間の目標が，学校の教育目標を達成するための目標になっているか．
- ☐ 探究課題が目標を達成するのに適する内容となっているか．
- ☐ 全体計画は総合的な探究の時間の目標を達成するために時間数，内容，単元配列が適当か．
- ☐ 総合的な探究の時間と各教科・学校行事との関連が明確で全教員に周知されているか．
- ☐ 単元計画に実社会や日常生活との接点となる学習内容を意図的に計画しているか．
- ☐ 家庭や地域社会との連携や協働が適切に行われているか．
- ☐ 学校間での連携ができているか．
- ☐ 生徒の学びが自律的になっているか．
- ☐ カリキュラムをPDCAに当てはめて見直しているか．

人的・物的配置
- ☐ 総合的な探究の時間をコーディネートする分掌が設けられているか．
- ☐ コーディネーターや授業担当者の打ち合わせを行う時間が設定されているか．
- ☐ 総合的な探究の時間の校内研修が適切に行われているか．
- ☐ 異校種，異年齢，異国籍，多言語等多様な人とも協働できる環境があるか．
- ☐ 総合的な探究の時間を実践するための教材・施設・設備などが整っているか．

探究プロセス
- ☐ 探究プロセスを生徒自身が自在に回すことができるよう設計されているか．
- ☐ 探究プロセスを繰り返す全体計画となっているか．
- ☐ 課題設定を生徒自身が自分でできるような指導計画ができているか．
- ☐ 生徒が協働して活動をする場面が設定されているか．
- ☐ 生徒が体験を通して探究プロセスを進める場面が設定されているか．
- ☐ 情報収集を体験的に行う場面が設定されているか．
- ☐ 生徒は収集した情報を適切な方法で整理・分析する方法を習得しているか．
- ☐ 様々な表現方法で伝える場面を設定しているか．
- ☐ 評価が適切に行われているか．
- ☐ 生徒が振り返りをする場面が設定されているか．

付　録

1．小学校学習指導要領〔抜粋〕（平成29年3月　文部科学省告示）

第5章　総合的な学習の時間

第1　目標

探究的な見方・考え方を働かせ，横断的・総合的な学習を行うことを通して，よりよく課題を解決し，自己の生き方を考えていくための資質・能力を次のとおり育成することを目指す．

(1) 探究的な学習の過程において，課題の解決に必要な知識及び技能を身に付け，課題に関わる概念を形成し，探究的な学習のよさを理解するようにする．

(2) 実社会や実生活の中から問いを見いだし，自分で課題を立て，情報を集め，整理・分析して，まとめ・表現することができるようにする．

(3) 探究的な学習に主体的・協働的に取り組むとともに，互いのよさを生かしながら，積極的に社会に参画しようとする態度を養う．

第2　各学校において定める目標及び内容

1　目標

各学校においては，第1の目標を踏まえ，各学校の総合的な学習の時間の目標を定める．

2　内容

各学校においては，第1の目標を踏まえ，各学校の総合的な学習の時間の内容を定める．

3　各学校において定める目標及び内容の取扱い

各学校において定める目標及び内容の設定に当たっては，次の事項に配慮するものとする．

(1) 各学校において定める目標については，各学校における教育目標を踏まえ，総合的な学習の時間を通して育成を目指す資質・能力を示すこと．

(2) 各学校において定める目標及び内容については，他教科等の目標及び内容との違いに留意しつつ，他教科等で育成を目指す資質・能力との関連を重視すること．

(3) 各学校において定める目標及び内容については，日常生活や社会との関わりを重視すること．

(4) 各学校において定める内容については，目標を実現するにふさわしい探究課題，探究課題の解決を通して育成を目指す具体的な資質・能力を示すこと．

(5) 目標を実現するにふさわしい探究課題については，学校の実態に応じて，例えば，国際理解，情報，環境，福祉・健康などの現代的な諸課題に対応する横断的・総合的な課題，地域の人々の暮らし，伝統と文化など地域や学校の特色に応じた課題，児童の興味・関心に基づく課題などを踏まえて設定すること．

(6) 探究課題の解決を通して育成を目指す具体的な資質・能力については，次の事項に配慮すること．

ア　知識及び技能については，他教科等及び総合的な学習の時間で習得する知識及び技能が相互に関連付けられ，社会の中で生きて働くものとして形成されるようにすること．

イ　思考力，判断力，表現力等については，課題の設定，情報の収集，整理・

分析，まとめ・表現などの探究的な学習の過程において発揮され，未知の状況において活用できるものとして身に付けられるようにすること．
　　ウ　学びに向かう力，人間性等については，自分自身に関すること及び他者や社会との関わりに関することの両方の視点を踏まえること．
　(7) 目標を実現するにふさわしい探究課題及び探究課題の解決を通して育成を目指す具体的な資質・能力については，教科等を越えた全ての学習の基盤となる資質・能力が育まれ，活用されるものとなるよう配慮すること．

第3　指導計画の作成と内容の取扱い
　1　指導計画の作成に当たっては，次の事項に配慮するものとする．
　　(1) 年間や，単元など内容や時間のまとまりを見通して，その中で育む資質・能力の育成に向けて，児童の主体的・対話的で深い学びの実現を図るようにすること．その際，児童や学校，地域の実態等に応じて，児童が探究的な見方・考え方を働かせ，教科等の枠を超えた横断的・総合的な学習や児童の興味・関心等に基づく学習を行うなど創意工夫を生かした教育活動の充実を図ること．
　　(2) 全体計画及び年間指導計画の作成に当たっては，学校における全教育活動との関連の下に，目標及び内容，学習活動，指導方法や指導体制，学習の評価の計画などを示すこと．
　　(3) 他教科等及び総合的な学習の時間で身に付けた資質・能力を相互に関連付け，学習や生活において生かし，それらが総合的に働くようにすること．その際，言語能力，情報活用能力など全ての学習の基盤となる資質・能力を重視すること．

　　(4) 他教科等の目標及び内容との違いに留意しつつ，第1の目標並びに第2の各学校において定める目標及び内容を踏まえた適切な学習活動を行うこと．
　　(5) 各学校における総合的な学習の時間の名称については，各学校において適切に定めること．
　　(6) 障害のある児童などについては，学習活動を行う場合に生じる困難さに応じた指導内容や指導方法の工夫を計画的，組織的に行うこと．
　　(7) 第1章総則の第1の2の(2)に示す道徳教育の目標に基づき，道徳科などとの関連を考慮しながら，第3章特別の教科道徳の第2に示す内容について，総合的な学習の時間の特質に応じて適切な指導をすること．
　2　第2の内容の取扱いについては，次の事項に配慮するものとする．
　　(1) 第2の各学校において定める目標及び内容に基づき，児童の学習状況に応じて教師が適切な指導を行うこと．
　　(2) 探究的な学習の過程においては，他者と協働して課題を解決しようとする学習活動や，言語により分析し，まとめたり表現したりするなどの学習活動が行われるようにすること．その際，例えば，比較する，分類する，関連付けるなどの考えるための技法が活用されるようにすること．
　　(3) 探究的な学習の過程においては，コンピュータや情報通信ネットワークなどを適切かつ効果的に活用して，情報を収集・整理・発信するなどの学習活動が行われるよう工夫すること．その際，コンピュータで文字を入力するなどの学習の基盤として必要となる情報手段の基本的な操作を習得し，情報や情報手段を主体的に選択し活用できるよう配慮すること．
　　(4) 自然体験やボランティア活動などの

社会体験，ものづくり，生産活動などの体験活動，観察・実験，見学や調査，発表や討論などの学習活動を積極的に取り入れること．
(5) 体験活動については，第1の目標並びに第2の各学校において定める目標及び内容を踏まえ，探究的な学習の過程に適切に位置付けること．
(6) グループ学習や異年齢集団による学習などの多様な学習形態，地域の人々の協力も得つつ，全教師が一体となって指導に当たるなどの指導体制について工夫を行うこと．
(7) 学校図書館の活用，他の学校との連携，公民館，図書館，博物館等の社会教育施設や社会教育関係団体等の各種団体との連携，地域の教材や学習環境の積極的な活用などの工夫を行うこと．
(8) 国際理解に関する学習を行う際には，探究的な学習に取り組むことを通して，諸外国の生活や文化などを体験したり調査したりするなどの学習活動が行われるようにすること．
(9) 情報に関する学習を行う際には，探究的な学習に取り組むことを通して，情報を収集・整理・発信したり，情報が日常生活や社会に与える影響を考えたりするなどの学習活動が行われるようにすること．第1章総則の第3の1の(3)のイに掲げるプログラミングを体験しながら論理的思考力を身に付けるための学習活動を行う場合には，プログラミングを体験することが，探究的な学習の過程に適切に位置付くようにすること．

2．中学校学習指導要領〔抜粋〕（平成29年3月　文部科学省告示）

第4章　総合的な学習の時間

第1　目　標
　探究的な見方・考え方を働かせ，横断的・総合的な学習を行うことを通して，よりよく課題を解決し，自己の生き方を考えていくための資質・能力を次のとおり育成することを目指す．
(1) 探究的な学習の過程において，課題の解決に必要な知識及び技能を身に付け，課題に関わる概念を形成し，探究的な学習のよさを理解するようにする．
(2) 実社会や実生活の中から問いを見いだし，自分で課題を立て，情報を集め，整理・分析して，まとめ・表現することができるようにする．
(3) 探究的な学習に主体的・協働的に取り組むとともに，互いのよさを生かしながら，積極的に社会に参画しようとする態度を養う．

第2　各学校において定める目標及び内容
　1　目　標
　　各学校においては，第1の目標を踏まえ，各学校の総合的な学習の時間の目標を定める．
　2　内　容
　　各学校においては，第1の目標を踏まえ，各学校の総合的な学習の時間の内容を定める．
　3　各学校において定める目標及び内容の取扱い
　　各学校において定める目標及び内容の設定に当たっては，次の事項に配慮するものとする．
　(1) 各学校において定める目標については，各学校における教育目標を踏まえ，

総合的な学習の時間を通して育成を目指す資質・能力を示すこと．
(2) 各学校において定める目標及び内容については，他教科等の目標及び内容との違いに留意しつつ，他教科等で育成を目指す資質・能力との関連を重視すること．
(3) 各学校において定める目標及び内容については，日常生活や社会との関わりを重視すること．
(4) 各学校において定める内容については，目標を実現するにふさわしい探究課題，探究課題の解決を通して育成を目指す具体的な資質・能力を示すこと．
(5) 目標を実現するにふさわしい探究課題については，学校の実態に応じて，例えば，国際理解，情報，環境，福祉・健康などの現代的な諸課題に対応する横断的・総合的な課題，地域や学校の特色に応じた課題，生徒の興味・関心に基づく課題，職業や自己の将来に関する課題などを踏まえて設定すること．
(6) 探究課題の解決を通して育成を目指す具体的な資質・能力については，次の事項に配慮すること．
　ア　知識及び技能については，他教科等及び総合的な学習の時間で習得する知識及び技能が相互に関連付けられ，社会の中で生きて働くものとして形成されるようにすること．
　イ　思考力，判断力，表現力等については，課題の設定，情報の収集，整理・分析，まとめ・表現などの探究的な学習の過程において発揮され，未知の状況において活用できるものとして身に付けられるようにすること．
　ウ　学びに向かう力，人間性等については，自分自身に関すること及び他者や社会との関わりに関することの両方の視点を踏まえること．
(7) 目標を実現するにふさわしい探究課題及び探究課題の解決を通して育成を目指す具体的な資質・能力については，教科等を越えた全ての学習の基盤となる資質・能力が育まれ，活用されるものとなるよう配慮すること．

第3　指導計画の作成と内容の取扱い
　1　指導計画の作成に当たっては，次の事項に配慮するものとする．
　(1) 年間や，単元など内容や時間のまとまりを見通して，その中で育む資質・能力の育成に向けて，生徒の主体的・対話的で深い学びの実現を図るようにすること．その際，生徒や学校，地域の実態等に応じて，生徒が探究的な見方・考え方を働かせ，教科等の枠を超えた横断的・総合的な学習や生徒の興味・関心等に基づく学習を行うなど創意工夫を生かした教育活動の充実を図ること．
　(2) 全体計画及び年間指導計画の作成に当たっては，学校における全教育活動との関連の下に，目標及び内容，学習活動，指導方法や指導体制，学習の評価の計画などを示すこと．その際，小学校における総合的な学習の時間の取組を踏まえること．
　(3) 他教科等及び総合的な学習の時間で身に付けた資質・能力を相互に関連付け，学習や生活において生かし，それらが総合的に働くようにすること．その際，言語能力，情報活用能力など全ての学習の基盤となる資質・能力を重視すること．
　(4) 他教科等の目標及び内容との違いに留意しつつ，第1の目標並びに第2の各学校において定める目標及び内容を踏まえた適切な学習活動を行うこと．
　(5) 各学校における総合的な学習の時間の名称については，各学校において適切に定めること．

(6) 障害のある生徒などについては，学習活動を行う場合に生じる困難さに応じた指導内容や指導方法の工夫を計画的，組織的に行うこと．
　(7) 第1章総則の第1の2の(2)に示す道徳教育の目標に基づき，道徳科などとの関連を考慮しながら，第3章特別の教科道徳の第2に示す内容について，総合的な学習の時間の特質に応じて適切な指導をすること．
 2 　第2の内容の取扱いについては，次の事項に配慮するものとする．
　(1) 第2の各学校において定める目標及び内容に基づき，生徒の学習状況に応じて教師が適切な指導を行うこと．
　(2) 探究的な学習の過程においては，他者と協働して課題を解決しようとする学習活動や，言語により分析し，まとめたり表現したりするなどの学習活動が行われるようにすること．その際，例えば，比較する，分類する，関連付けるなどの考えるための技法が活用されるようにすること．
　(3) 探究的な学習の過程においては，コンピュータや情報通信ネットワークなどを適切かつ効果的に活用して，情報を収集・整理・発信するなどの学習活動が行われるよう工夫すること．その際，情報や情報手段を主体的に選択し活用できるよう配慮すること．
　(4) 自然体験や職場体験活動，ボランティア活動などの社会体験，ものづくり，生産活動などの体験活動，観察・実験，見学や調査，発表や討論などの学習活動を積極的に取り入れること．
　(5) 体験活動については，第1の目標並びに第2の各学校において定める目標及び内容を踏まえ，探究的な学習の過程に適切に位置付けること．
　(6) グループ学習や異年齢集団による学習などの多様な学習形態，地域の人々の協力も得つつ，全教師が一体となって指導に当たるなどの指導体制について工夫を行うこと．
　(7) 学校図書館の活用，他の学校との連携，公民館，図書館，博物館等の社会教育施設や社会教育関係団体等の各種団体との連携，地域の教材や学習環境の積極的な活用などの工夫を行うこと．
　(8) 職業や自己の将来に関する学習を行う際には，探究的な学習に取り組むことを通して，自己を理解し，将来の生き方を考えるなどの学習活動が行われるようにすること．

3．高等学校学習指導要領〔抜粋〕（平成30年3月　文部科学省告示）

第4章　総合的な探究の時間

第1　目標
　探究の見方・考え方を働かせ，横断的・総合的な学習を行うことを通して，自己の在り方生き方を考えながら，よりよく課題を発見し解決していくための資質・能力を次のとおり育成することを目指す．
　(1) 探究の過程において，課題の発見と解決に必要な知識及び技能を身に付け，課題に関わる概念を形成し，探究の意義や価値を理解するようにする．
　(2) 実社会や実生活と自己との関わりから問いを見いだし，自分で課題を立て，情報を集め，整理・分析して，まとめ・表現することができるようにする．
　(3) 探究に主体的・協働的に取り組むとともに，互いのよさを生かしながら，新た

な価値を創造し，よりよい社会を実現しようとする態度を養う．

第2　各学校において定める目標及び内容
1　目標
　　各学校においては，第1の目標を踏まえ，各学校の総合的な探究の時間の目標を定める．
2　内容
　　各学校においては，第1の目標を踏まえ，各学校の総合的な探究の時間の内容を定める．
3　各学校において定める目標及び内容の取扱い
　　各学校において定める目標及び内容の設定に当たっては，次の事項に配慮するものとする．
　(1)各学校において定める目標については，各学校における教育目標を踏まえ，総合的な探究の時間を通して育成を目指す資質・能力を示すこと．
　(2)各学校において定める目標及び内容については，他教科等の目標及び内容との違いに留意しつつ，他教科等で育成を目指す資質・能力との関連を重視すること．
　(3)各学校において定める目標及び内容については，地域や社会との関わりを重視すること．
　(4)各学校において定める内容については，目標を実現するにふさわしい探究課題，探究課題の解決を通して育成を目指す具体的な資質・能力を示すこと．
　(5)目標を実現するにふさわしい探究課題については，地域や学校の実態，生徒の特性等に応じて，例えば，国際理解，情報，環境，福祉・健康などの現代的な諸課題に対応する横断的・総合的な課題，地域や学校の特色に応じた課題，生徒の興味・関心に基づく課題，職業や自己の進路に関する課題などを

踏まえて設定すること．
　(6)探究課題の解決を通して育成を目指す具体的な資質・能力については，次の事項に配慮すること．
　　ア　知識及び技能については，他教科等及び総合的な探究の時間で習得する知識及び技能が相互に関連付けられ，社会の中で生きて働くものとして形成されるようにすること．
　　イ　思考力，判断力，表現力等については，課題の設定，情報の収集，整理・分析，まとめ・表現などの探究の過程において発揮され，未知の状況において活用できるものとして身に付けられるようにすること．
　　ウ　学びに向かう力，人間性等については，自分自身に関すること及び他者や社会との関わりに関することの両方の視点を踏まえること．
　(7)目標を実現するにふさわしい探究課題及び探究課題の解決を通して育成を目指す具体的な資質・能力については，教科・科目等を越えた全ての学習の基盤となる資質・能力が育まれ，活用されるものとなるよう配慮すること．

第3　指導計画の作成と内容の取扱い
1　指導計画の作成に当たっては，次の事項に配慮するものとする．
　(1)年間や，単元など内容や時間のまとまりを見通して，その中で育む資質・能力の育成に向けて，生徒の主体的・対話的で深い学びの実現を図るようにすること．その際，生徒や学校，地域の実態等に応じて，生徒が探究の見方・考え方を働かせ，教科・科目等の枠を超えた横断的・総合的な学習や生徒の興味・関心等に基づく学習を行うなど創意工夫を生かした教育活動の充実を図ること．
　(2)全体計画及び年間指導計画の作成に

当たっては，学校における全教育活動との関連の下に，目標及び内容，学習活動，指導方法や指導体制，学習の評価の計画などを示すこと．
  (3) 目標を実現するにふさわしい探究課題を設定するに当たっては，生徒の多様な課題に対する意識を生かすことができるよう配慮すること．
  (4) 他教科等及び総合的な探究の時間で身に付けた資質・能力を相互に関連付け，学習や生活において生かし，それらが総合的に働くようにすること．その際，言語能力，情報活用能力など全ての学習の基盤となる資質・能力を重視すること．
  (5) 他教科等の目標及び内容との違いに留意しつつ，第1の目標並びに第2の各学校において定める目標及び内容を踏まえた適切な学習活動を行うこと．
  (6) 各学校における総合的な探究の時間の名称については，各学校において適切に定めること．
  (7) 障害のある生徒などについては，学習活動を行う場合に生じる困難さに応じた指導内容や指導方法の工夫を計画的，組織的に行うこと．
  (8) 総合学科においては，総合的な探究の時間の学習活動として，原則として生徒が興味・関心，進路等に応じて設定した課題について知識や技能の深化，総合化を図る学習活動を含むこと．
2 内容の取扱いに当たっては，次の事項に配慮するものとする．
  (1) 第2の各学校において定める目標及び内容に基づき，生徒の学習状況に応じて教師が適切な指導を行うこと．
  (2) 課題の設定においては，生徒が自分で課題を発見する過程を重視すること．
  (3) 第2の3の(6)のウにおける両方の視点を踏まえた学習を行う際には，これらの視点を生徒が自覚し，内省的に捉えられるよう配慮すること．
  (4) 探究の過程においては，他者と協働して課題を解決しようとする学習活動や，言語により分析し，まとめたり表現したりするなどの学習活動が行われるようにすること．その際，例えば，比較する，分類する，関連付けるなどの考えるための技法が自在に活用されるようにすること．
  (5) 探究の過程においては，コンピュータや情報通信ネットワークなどを適切かつ効果的に活用して，情報を収集・整理・発信するなどの学習活動が行われるよう工夫すること．その際，情報や情報手段を主体的に選択し活用できるよう配慮すること．
  (6) 自然体験や就業体験活動，ボランティア活動などの社会体験，ものづくり，生産活動などの体験活動，観察・実験・実習，調査・研究，発表や討論などの学習活動を積極的に取り入れること．
  (7) 体験活動については，第1の目標並びに第2の各学校において定める目標及び内容を踏まえ，探究の過程に適切に位置付けること．
  (8) グループ学習や個人研究などの多様な学習形態，地域の人々の協力も得つつ，全教師が一体となって指導に当たるなどの指導体制について工夫を行うこと．
  (9) 学校図書館の活用，他の学校との連携，公民館，図書館，博物館等の社会教育施設や社会教育関係団体等の各種団体との連携，地域の教材や学習環境の積極的な活用などの工夫を行うこと．
  (10) 職業や自己の進路に関する学習を行う際には，探究に取り組むことを通して，自己を理解し，将来の在り方生き方を考えるなどの学習活動が行われるようにすること．

さくいん

— アルファベット —

DESD 98
ESD 98
NIE（newspaper in education） 113
SDGs（持続可能な開発目標） 108

— あ —

生きる力 27
伊那市立伊那小学校 8
ウェビング法 158

— か —

外国語 35
概念形成 107
開発教授 3
各学校において定める内容 19
各学校において定める目標 16
『学習研究』 4
学習困難 32
学習指導案 79
学習指導要領 1
「学習法」理論 3
学制 2
課題の設定 83
学校種に即した
　共有のさせ方 122
学校新聞 114
学校に基礎を置く
　カリキュラム開発 31
カリキュラム 28
カリキュラム・マネジメント 31, 50
考えるための技法 23, 34, 91
木下竹次 3
教育課程 1, 55

教育課程審議会 10
教育基本法 7
教科学習 1
教科教育 37
教科等横断的なカリキュラム・マネジメント 50
教授法 3
協働的な学習 93
キルパトリック 73
研究学級 5
コア・カリキュラム 8
合科学習 4
高度化 47
「高度化」し「自律的」な探究へ 47
コーディネーター 169
国語科での「読む」「書く」学習成果 122
国際理解に関する学習 35

— さ —

思考ツール 161
資質・能力 11
資質能力 125
持続可能な開発 99
持続可能な社会の構築 102
実物教授 3
指導計画の作成 60
社会に開かれた教育課程 29, 169
主体的・対話的で深い学び 29, 86
主体的な学び 87
情報に関する学習 36
情報の収集 83
職業や自己の将来に関する学習 36
自律的 47
信州大学教育学部附属長野小学校 5

真正の学習 109, 112
新聞から学ぶ 120
新聞教育 113
新聞で調べる 120
新聞をつくる 120
新聞を『読む』 117
生活科 37
生活科との接続・関連 68
生活科の指導計画 68
整理・分析 83
世代間の公正 99
世代内の公正 100
全体計画 54
全体計画の作成 61
総合的な学習の時間の目標 12

— た —

大正自由教育期 3
大正新教育期 3
対話的な学び 87
確かなNIE 121
探究 2
探究課題 19, 34, 46, 47, 88, 107
探究的な学習 13, 83
探究的な見方・考え方 13, 45, 106
探究の見方・考え方 45, 47
単元 74
中央教育審議会 9, 10
直観教授 3
デューイ 73
電子版新聞を「見る」 117

— な —

長野師範学校附属小学校 4
奈良女子高等師範学校附属小学校 3
奈良女子大学附属小学校 3

日本NIE学会	115	プログラミング	36	豊かなNIE	121
日本国憲法	7	プロジェクト法	73	ユネスコスクール	103
日本新聞教育文化財団	114	— ま —		幼児期の教育	37
日本新聞協会	114			淀川茂重	5
年間指導計画	55	まとめ・表現	83	— ら —	
年間指導計画の作成	63	見方・考え方	32		
— は —		無理のない自然なNIE	120	レッドデーターブック	171
		問題解決学習	73	連合国軍総司令部	7
発問	77	— や —			
評価	94				
深い学び	87	有用感や達成感	121		

編著者紹介

朝倉　淳（あさくら　あつし）
博士（教育学）．安田女子大学教授．日本生活科・総合的学習教育学会副会長．
広島大学学校教育学部講師，広島大学大学院教育学研究科准教授，同教授などを経て現職．
『平成29年改訂　小学校教育課程実践講座　生活』（編著，ぎょうせい，2018年）など著書・論文多数．

永田忠道（ながた　ただみち）
博士(教育学)．広島大学大学院教育学研究科准教授．日本生活科・総合的学習教育学会理事．
国立教育政策研究所研究員，大分大学教育福祉科学部准教授などを経て現職．
『平成29年改訂　小学校教育課程実践講座　生活』（執筆，ぎょうせい，2018年）など著書・論文多数．

執筆者一覧 （執筆順）

永田　忠道（ながた　ただみち）	広島大学大学院教育学研究科准教授	編集　第1章
米沢　崇（よねざわ　たかし）	広島大学大学院教育学研究科准教授	第2章
渡邉　巧（わたなべ　たくみ）	広島大学大学院教育学研究科准教授	第3章
胤森　裕暢（たねもり　ひろのぶ）	広島経済大学教養教育部教授	第4章
上之園公子（うえのその　きみこ）	比治山大学現代文化学部教授	第5章
朝倉　淳（あさくら　あつし）	安田女子大学教授	編集　第6章
高橋　泰道（たかはし　たいどう）	島根県立大学人間文化学部教授	第7章
松岡　靖（まつおか　やすし）	京都女子大学発達教育学部教授	第8章
富村　誠（とみむら　まこと）	京都女子大学発達教育学部教授　京都女子大学附属小学校校長	第9章
友滝　啓太（ともたき　けいた）	三原市立西小学校教諭	第10章第1節
大谷　祐貴（おおたに　ゆうき）	豊丘村立豊丘南小学校教諭	第10章第2節
鎌田　明美（かまた　あけみ）	阿南市立羽ノ浦中学校教諭	第10章第3節
廣瀬　志保（ひろせ　しほ）	山梨県立吉田高等学校教頭	第10章第4節

（＊所属は2019年1月現在）

総合的な学習の時間・総合的な探究の時間の新展開

2019年4月1日　第1版　第1刷　発行
2022年2月1日　第1版　第2刷　発行

　　編著者　朝　倉　　　淳
　　　　　　永　田　忠　道
　　発行者　発　田　和　子
　　発行所　株式会社　学術図書出版社

〒113-0033　東京都文京区本郷5-4-6
TEL 03-3811-0889　振替00110-4-28454
印刷　三美印刷（株）

定価はカバーに表示してあります.

本書の一部または全部を無断で複写（コピー）・複製・転載することは，著作権法で認められた場合を除き，著作者および出版社の権利の侵害となります．あらかじめ，小社に許諾を求めてください．

Ⓒ 2019　A. ASAKURA, T. NAGATA
Printed in Japan
ISBN978-4-7806-0678-2　C3037